ARD Buffet

D1928496

Liebe Leser, liebe Zuschauer,

zehn Jahre „ARD-Buffet". Wahrlich ein geeigneter Anlass für unsere erste Koch-DVD. Seit der ersten Stunde dürfen wir in der Sendung unsere Rezepte und Ideen ausprobieren und Ihnen präsentieren. Immer waren wir mit Spaß und voller Leidenschaft dabei.

Uns geht es nicht darum, ausschließlich Ihren Hunger zu stillen, sondern Sie vor allem **an der Lebensfreude, die das Kochen und der Genuss beim Essen mit sich bringt, teilhaben zu lassen.** Oberste Priorität haben für uns dabei bis heute qualitativ hochwertige und frische Zutaten.

All das hat uns dazu bewogen, **unsere Lieblingsrezepte** für Sie auf Film zu bannen und Ihnen unter anderem zu zeigen, warum ein guter Einkauf so wichtig ist und was **unsere ganz eigene Kochphilosophie** eigentlich ausmacht. Kurzum, Ihnen das, was uns so sehr am Herzen liegt, ein Stück näher zu bringen.

Tauchen Sie ein in unsere Welt – und erleben Sie die feinen Unterschiede. Lassen Sie sich von unseren Gerichten in diesem Buch und auf der DVD inspirieren, verwöhnen, und **leben Sie Genuss pur!**

Wir wünschen Ihnen dabei viel Vergnügen!

Herzlichst, Ihre

Otto Koch & Vincent Klink

IMPRESSUM

Kochbuch
Eine Produktion der Burda Senator Verlag GmbH
Chefredakteurin: Angelika Puls
Redaktion: Yvonne Krüger (Ltg.), Stefanie Meyer, Sandra Prill, Heike Rheker
Kreative Beratung: Hildegund Stollberg
Grafik: Jeannette Gelinsky, Kim Kellinghusen
Fotoredaktion: Anne Stolba, Nicole Wurst
Mitarbeiter: Susanne Raht, Annette Wackershauser
Schlussredaktion: Peter Mann
Herstellung: Klaus Löffel
Geschäftsführung: Reinhold G. Hubert, Frank-J. Ohlhorst
Verlagsleitung: Dirk Roppiler
Redaktionsadresse:
Medien Innovation GmbH, Büschstr. 2, 20354 Hamburg,
Telefon: 0 40/30 70 64 11, Fax: 0 40/32 52 64 81

DVD
Eine Produktion des SWR und der SWR Media Services
Gert Bühringer, Uwe Stanz, Susanne Schey, Bernd Rieger

Verlag & Vertrieb

Director edel motion: Oliver Hagedorn
Produkt Manager: Fabian Gluschke

ISBN 978-3-940507-00-6

Inhalt

Porträt

Suppen

Salate

Eintöpfe

Aufläufe

Fisch

Fleisch

Desserts

Warenkunde

Rezepte auf der DVD

Fotos: Corbis, Getty Images (13), Jan-Peter Westermann/Jahreszeiten Verlag, Maike Jessen (36) für ARD-Buffet/Foodstyling: Nicole Müller-Reymann (35)/Adam Koor, Jupiter Images, Laif, Mauritius, Berthold Steinhilber (8) für ARD-Buffet, StockFood (34), Konstantinos Tsoutsaios für ARD-Buffet; CMA, MEV (2), privat (5)
Illustrationen: privat (10)

Titelfoto: Berthold Steinhilber für ARD-Buffet

Otto Koch

Geb. 1949 in Gröbenzell. 1974 eröffnete er in München das „Le Gourmet“. Seit 1996 ist er Gourmetchef und Berater bei Robinson und führt seit 2003 über den Winter das Restaurant „KochArt“ in Zürs/Arlberg (1 Michelin-Stern).

„Kochen ist pure Leid

Wovon träumt ein Sternekoch? Für wen
niemals verzichten? Otto Koch und Vincent

enschaft"

würde er gern einmal kochen? Auf welches Küchenutensil
Klink geben Einblicke in ihre Küchenphilosophie …

Vincent Klink

Geb. 1949 in Gießen. 1974 kocht er in seinem „Postillon" in Schwäbisch Gmünd (1 Stern). Seit 1991 betreibt er zusammen mit seiner Frau das Restaurant „Wielandshöhe" in Stuttgart (1 Michelin-Stern).

„Gutes Essen

Dalai Lama

Meine Herren, was kochen Sie am liebsten?
Vincent Klink: Braten, Kalbsbrust, großen Steinbutt. Gerichte mit langen Garzeiten.
Otto Koch: Mit Top-Produkten aus dem Bauch heraus was Kreatives.

Ihr wichtigstes Küchenutensil?
V.K.: Mein für mich geschmiedetes Messer.
O.K.: Meine diversen gepflegten Messer.

Großen Steinbutt kocht Vincent Klink am liebsten. Beide schwören auf ihre persönlichen Messer

Beschreiben Sie den Küchengeruch Ihrer Kindheit …
V.K.: Es war Bratenduft oder Pfannkuchenduft.
O.K.: Speck, Sauerkraut, Deftiges.

Wie kamen Sie zum Kochen?
V.K.: Das Elternhaus war ein Dauerbruzzeln.
O.K.: Bei den Pfadfindern in den Wäldern. Was da für uns Kinder gekocht wurde, konnte man nur knapp als „Ernährung" bezeichnen. Damals hab ich schon überlegt, wie man es besser machen könnte.

Ihr kulinarisches Lieblingsland?
V.K.: Frankreich, Italien.
O.K.: Frankreich, Italien, Thailand, Österreich.

Von wem haben Sie das Meiste gelernt?
V.K.: Von Restaurantbesuchen in Frankreich.
O.K.: Von Jeanmarie Meulien im „Oasis" in La Napoule, Südfrankreich.

Was macht Ihre Küche aus?
V.K.: Unverfälschte Natürlichkeit. Jeder Tag ein neues Kochleben, es lebe das Spontane!
O.K.: Die Prise an Überraschung. Die größte Küchenleistung ist die, die aus den wenigsten Zutaten das großartigste Gericht macht.

Welche drei Dinge aus der Küche würden Sie mit auf eine einsame Insel nehmen?
V.K.: Messer, Eisentopf und Bratenstücke.
O.K.: Ein Mobiltelefon, damit ich dort schnell wieder wegkomme.

Worauf sind Sie besonders stolz?
V.K.: Dass ich noch nicht „stolz" geworden bin.
O.K.: Dass meine beiden Kinder ihren Beruf gefunden haben und erfolgreich dabei sind.

Wen möchten Sie unbedingt mal bekochen?
V.K.: Unbedingt? Nur mich selbst.
O.K.: Den Dalai Lama, aber ich möchte dann auch mit ihm ins Gespräch kommen.

Wenn Sie Kochen mit einem Gefühl verbinden, welches ist das?
V.K.: Oft hat es etwas Rauschhaftes, Zeitloses, es ist wie Schweben. Die Erschöpfung spüre ich erst danach.
O.K.: Liebe und Leidenschaft.

Welche Panne würden Sie sich niemals verzeihen können?
V.K.: Jemandem alten Fisch andrehen.
O.K.: Wenn für ein wichtiges Essen das Fleisch beim Hauptgang zäh oder nicht durch ist.

Kochen Sie zu Hause anders als im Restaurant?
V.K.: Dort koche ich fast

macht glücklich“

nie, da macht meine Frau die beste Pasta der Welt.
O.K.: Da bin ich kaum. Ich koche lieber für andere, vor allem wenn ich dabei sein darf.

Mit wem würden Sie gern einmal zusammen kochen?

V.K.: Mit meiner Brigade aus dem Restaurant macht's mir immer am meisten Spaß.
O.K.: Mit Ferran Adria, ein Virtuose in der Küche, der Lebensmittel überraschend und sinnlich inszeniert.

Gibt es etwas, das Sie in Restaurants nicht ausstehen können?

V.K.: Überflüssigen Firlefanz, also bös gesagt, 80 Prozent der Zutaten, welche die Sterneküche heute so ausmachen.
O.K.: Genussfeindliche Besserwisser.

Was macht für Sie das „perfekte Dinner“ aus?

V.K.: Wenn es nicht mehr als sechs Esser sind und gute Gespräche geführt werden. Natürlich muss das Essen sehr gut sein.
O.K.: Richtig und gut ausgesuchte und zubereitete Lebensmittel, ein guter Wein und gute Gesellschaft, die auch Freude an kultiviertem Essen hat.

Was investieren Sie in ein perfektes Menü?

V.K.: Der Perfektion kann man nahe kommen, mehr aber nicht. Wenn alle Gäste hinterher glücklich sind, dann ist das schön.
O.K.: Gehirn-„Schmalz“.

Bedeutet „gutes“ Essen automatisch „teuer“?

V.K.: Gutes Essen hat nichts mit teuren Grundprodukten zu tun (die man übrigens auch gut verhunzen kann).
O.K.: Natürlich nicht. Gerade die einfachsten Produkte, wenn sie denn gut gemacht sind, machen besonders Spaß.

Inwieweit essen Sie auch mit den Augen?

V.K.: Eher mit der Nase, ich rieche den Braten schon vorher.
O.K.: Die Augen suchen das aus, was man essen möchte. Sie zeigen dem anderen, ob er zufrieden und glücklich ist mit dem, was er bekommen hat.

Wem werden Sie ewig dankbar sein?

V.K.: Beim Wort „ewig“ fällt mir leider nichts ein.
O.K.: Paul Haeberlin, der mir die Freude am Kochen, die Achtung vor dem Produkt und die Liebe und Passion zur Arbeit und zu den Mitarbeitern gelehrt hat.

Wer oder was inspiriert Sie zu Neuem?

V.K.: Wochenmärkte und Besuche bei Erzeugern.
O.K.: Sinnvolles, das Spaß macht. Unsinn, der Spaß macht.

Ihr persönliches Motto?

V.K.: Reduktion, nichts Überflüssiges.
O.K.: Nutze das Leben, und hab Spaß dabei. Besinne dich immer wieder auf das Wesentliche.

Haben Sie einen (Koch-) Traum?

V.K.: Eigentlich nicht, wenn es bleibt, wie alles ist, bin ich schon glücklich.
O.K.: Da warte ich gerade drauf. Dann setze ich ihn sofort um. Versprochen.

Kochs Inspiratoren: Ferran Adria aus Spanien (l.) und Meisterkoch Paul Haeberlin aus dem Elsass

„Suppen
halten Leib und Seele
zusammen“ Vincent Klink

Suppen

Hähnchensuppe mit Ingwer

Für 4 Personen:
- **1 kleines Hähnchen**
- **2 Zwiebeln**
- **2 Knoblauchzehen**
- **1 TL Kurkuma (Gelbwurz)**
- **3 TL Ingwerpulver**
- **Pfeffer, Salz**
- **1 EL Mehl**
- **2 EL Butter**
- **evtl. rotes Basilikum o. frischer Koriander**

Kurkuma, auch Gelbwurz genannt, ist eine indische Wurzel, die u. a. Currys die appetitlich gelbe Farbe sowie ein mild-pfeffriges, leicht bitteres Aroma verleiht. In Indien wird fast der gesamte Weltbedarf des einst heiligen Gewürzes produziert.

Zubereitungszeit: ca. 15 Minuten, Garzeit: ca. 45 Minuten

1. Eineinhalb Liter Wasser in einem großen Topf aufkochen. Hähnchen gründlich waschen und in den Topf geben. Zwiebeln und Knoblauch schälen. Knoblauch klein schneiden. Zwiebeln in dünne Ringe schneiden. Mit den Gewürzen zum Hähnchen geben. Mit Pfeffer und Salz würzen. Aufkochen und abschäumen. Alles bei mittlerer Hitze ca. 30 Minuten köcheln lassen.

2. Hähnchen und Hälfte Zwiebeln herausnehmen, abkühlen lassen. Mehl mit etwas abgekühltem Fond glatt verrühren, in die entstandene Brühe einrühren und alles bei mittlerer Hitze ca. 15 Minuten offen weiterkochen.

3. Fleisch von den Knochen lösen und in kleine Stücke schneiden. Die Haut nach Belieben dranlassen.

4. Die restliche Suppe mit einem Pürierstab kräftig durchmixen, bis sie sämig ist, dabei 2 EL Butter unterarbeiten. Eventuell mit Salz und Pfeffer nachwürzen.

5. Das Fleisch und übrige Zwiebeln in tiefe Teller verteilen und mit der Suppe übergießen.

Sauerkrautsuppe mit Koriander

Für 2 Personen:
- **1 Zwiebel**
- **1 Knoblauchzehe**
- **40 g durchwachsener Speck**
- **1 TL Mehl**
- **150 g Sauerkraut**
- **1 TL Koriander**
- **3/4 l Gemüsebrühe (z.B. instant)**
- **grober schwarzer Pfeffer**
- **Salz**
- **1/2 Bund Petersilie**

Sauerkraut ist eines der wertvollsten Wintergemüse. Es liefert viel Vitamin C für aktive Abwehrkräfte und unterstützt durch Milchsäurebakterien eine gesunde Darmflora. Deshalb öfter auch mal roh genießen!

Zubereitungszeit: ca. 15 Minuten, Garzeit: ca. 5 Minuten

1. Zwiebel und Knoblauch schälen, fein würfeln. Speck ebenfalls fein würfeln. Speck in einem Topf knusprig auslassen. Zwiebel und Knoblauch im Speckfett mit andünsten. Hälfte der Speck-Zwiebel-Mischung herausnehmen, beiseite stellen.

2. Restliche Mischung im Topf mit dem Mehl bestäuben, kurz andünsten. Dann Sauerkraut dazugeben.

3. Koriander grob zerstoßen. Mit Brühe und etwas Pfeffer zum Sauerkraut geben. Alles aufkochen und ca. 5 Minuten köcheln lassen. Vor dem Servieren evtl. mit Salz abschmecken.

4. Petersilie abspülen, trockenschütteln und fein hacken. Suppe mit Petersilie in tiefen Tellern anrichten, die übrige Speck-Zwiebel-Mischung daraufgeben.

Minestrone

Für 2 Personen:

- **60 g Borlotti-Bohnenkerne**
- **1 Möhre**
- **2 kleine Kartoffeln**
- **ca. 150 g Brokkoli**
- **2 Stangen Staudensellerie**
- **1 Zucchini**
- **1/2 Stange Lauch (Porree)**
- **2 Tomaten**
- **2 Schalotten**
- **1 Knoblauchzehe**
- **1 EL Olivenöl**
- **600 ml Gemüsebrühe (z. B. instant)**
- **1 rote Chilischote**
- **1 Zweig glatte Petersilie**
- **1 Zweig Thymian**
- **Salz, Pfeffer**
- **1 TL Pesto (z. B. aus dem Glas)**
- **etwas frisch geriebener Parmesan**

Zubereitungszeit (ohne Einweichzeit): ca. 25 Minuten
Garzeit: ca. 40 Minuten

1. Die Bohnen über Nacht in reichlich Wasser einweichen. Bohnen abgießen, mit frischem Wasser bedeckt aufkochen und zugedeckt weich kochen.

2. Das gesamte Gemüse putzen, abspülen und in grobe Würfel schneiden bzw. in Röschen teilen. Schalotten und Knoblauch schälen, fein würfeln.

3. Olivenöl in einem Topf erhitzen, Schalotten und Knoblauch darin andünsten. Möhre und Kartoffeln zugeben, kurz mit andünsten und mit Brühe auffüllen. Alles ca. 10 Minuten köcheln lassen.

4. Chili abspülen, halbieren und entkernen. Brokkoli, Staudensellerie, Zucchini und Chili in den Topf geben und weitere ca. 5 Minuten köcheln lassen.

5. Kräuter abspülen, trockenschütteln, fein hacken. Bohnen abgießen. Beides mit Lauch und Tomaten in den Topf geben. Weitere ca. 5 Minuten durchkochen und mit Salz und Pfeffer abschmecken.

6. Suppe in tiefen Tellern anrichten und für besondere Raffinesse etwas Pesto darüber träufeln und mit Parmesan bestreuen.

__Bohnenkerne__ gehören traditionell in die beliebte Gemüsesuppe. Die bräunlich-roten Borlotti-Bohnen gibt es in italienischen und südländischen Lebensmittelläden oder Feinkostgeschäften. Ersatzweise weiße Bohnenkerne verwenden.

Borschtsch

Für 2 Personen:

- 1 Entenbrust
- Salz
- Pfeffer
- 200 g Weißkohl
- 1 Knolle Rote Bete
- 1 Schalotte
- 1 Knoblauchzehe
- 1/2 l Fleischbrühe (z.B. instant)
- 1/4 l Rote-Bete-Saft
- 1/2 TL Koriander
- 1 Msp. gemahlener Piment
- etwas Zitronensaft
- 1 TL Speisestärke
- 2 TL Crème fraîche
- 1/2 Bund Dill
- 1/2 TL Meerrettich (frisch gerieben oder Glas)

Klassisch wird die deftige, wärmende Suppe mit Rindfleisch zubereitet. Eine schnellere Variante ist wie hier mit Entenbrust — oder probieren Sie auch einmal Kasseler.

Zubereitungszeit: ca. 20 Minuten, Garzeit: ca. 30 Minuten

1. Entenbrust abspülen, trockentupfen und mit Salz und Pfeffer einreiben und die Hautseite kreuzweise einschneiden. Eine Pfanne erhitzen, Fleisch darin auf der Hautseite bei geringer Hitze ca. 15 Minuten sanft anbraten, damit das Fett austreten kann. Dann wenden und 5 Minuten weiterbraten. Fleisch herausnehmen.

2. Weißkohl abspülen, putzen und in ca. 1 cm große Stücke schneiden. Rote Bete schälen und fein reiben.

3. Schalotte und Knoblauch schälen, fein würfeln. Etwas Entenfett in einem Topf erhitzen, Knoblauch und Schalotten darin andünsten. Mit Brühe und Rote-Bete-Saft ablöschen. Koriander und Piment mörsern und zugeben. Alles aufkochen. Weißkohl und Rote Bete zugeben und ca. 10 Minuten köcheln lassen.

4. Suppe mit Salz, Pfeffer und etwas Zitronensaft abschmecken. Etwas Fond abnehmen, abkühlen lassen und Stärke darin anrühren. Die Suppe damit binden.

5. Entenbrust aufschneiden und in Suppentellern anrichten, die Suppe angießen. Je 1 TL Crème fraîche, etwas Dill und Meerrettich daraufgeben und servieren. Dazu passt kräftiges Roggenvollkornbrot.

„Richtet man sich nach der
Saison, hat man
Abwechslung, optimalen Geschmack und
genießt auch den Geist der Jahreszeit"
Vincent Klink

Salate

Geflügelsalat

Für 2 Personen:
- **2 Hähnchenfilets (à 100 g, oder 200 g gebratenes Geflügel, z. B. Hähnchenbrust u. ausgelöste Keule)**
- **Salz**
- **Pfeffer**
- **1 EL Butter**
- **2 gekochte Eier**
- **1 Rosé-Grapefruit**
- **80 g Champignons**
- **1/2 Kopfsalat**
- **50 g TK-Erbsen**
- **4 Sardellen**
- **je einige Stiele frischer Koriander und glatte Petersilie**
- **2 EL Balsamico-Essig**
- **2 EL Olivenöl**
- **1/2 Zitrone**

*Diese klassische **Vinaigrette** lässt sich prima auf Vorrat zubereiten. Dafür Essig, Salz, Pfeffer, ggf. Senf und Öl in verschließbaren Gläsern mixen. Sie hält sich verschlossen 2–3 Tage im Kühlschrank. Zutaten wie z. B. Kräuter, Zwiebeln oder Tomatenstücke frisch hinzugeben.*

Zubereitungszeit: ca. 20 Minuten, Garzeit: ca. 10 Minuten

1. Fleisch abspülen, trockentupfen und mit Salz und Pfeffer würzen. Butter in einer Pfanne erhitzen, Filets darin langsam goldbraun braten, so dass sie noch schön saftig sind. Aus der Pfanne nehmen, einige Minuten ziehen lassen und dann in Scheiben schneiden.

2. Eier schälen, in Spalten schneiden. Grapefruit filetieren, Pilze abspülen, blättrig schneiden. Salat verlesen, abspülen. Eine Platte mit dem Salat auslegen. Vorbereitete Zutaten, Erbsen und Sardellen mischen und auf dem Salat anrichten.

3. Kräuter abspülen, trockenschütteln, abzupfen und über den Salat streuen. Aus Essig, Salz, Pfeffer und Öl eine Vinaigrette rühren. Salat damit beträufeln. Zitrone in Spalten schneiden, dazu reichen, um den Salat evtl. noch mit etwas Zitronensaft zu beträufeln.

Blattsalat
mit Knoblauchbaguette

Für 2 Personen:
- **je 1 EL Kräuter- und Balsamico-Essig**
- **1/2 TL scharfer Senf**
- **Salz, Pfeffer**
- **1 Prise Zucker**
- **2 EL Olivenöl**
- **1/2 Bund Petersilie**
- **1 Schalotte**
- **1 Knoblauchzehe**
- **90 g Butter**
- **1 kleines Baguette**
- **2 Zwiebeln**
- **150 g Austernpilze**
- **200 g bunte Salatmischung der Saison**
- **1 Bund Kerbel**

Zubereitungszeit: ca. 30 Minuten, Garzeit: ca. 10 Minuten

1. Für das Dressing Essig, Senf, Salz, Pfeffer und Zucker verrühren. Öl darunter schlagen. Petersilie abspülen, trockenschütteln und fein hacken. Schalotte schälen, ebenfalls fein hacken. 1 EL Petersilie und Schalotte unter das Dressing rühren.

2. Backofen auf 200 Grad (Umluft: 160 Grad/Gasherd: Stufe 2–3) vorheizen. Knoblauch schälen, pressen und mit 80 g Butter, übriger Petersilie, Salz und Pfeffer verkneten. Baguette aufschneiden, mit der Kräuterbutter bestreichen und auf einem mit Backpapier ausgelegten Backblech im heißen Ofen knusprig backen.

3. Zwiebeln schälen, klein schneiden. Pilze putzen, evtl. kleiner schneiden. Restliche Butter in einer Pfanne erhitzen, Zwiebeln darin andünsten. Pilze zugeben, mit anbraten. Mit Salz und Pfeffer würzen.

4. Salat verlesen, abspülen, abtropfen lassen und in mundgerechte Stücke zupfen. Kerbel abspülen, trockentupfen und mit dem Salat mischen. Pilze auf dem Salat anrichten, Dressing darüber träufeln. Salat und Baguette anrichten.

Austernpilze findet man heute fast überall in Wäldern. In Kulturen werden sie auf Strohsäcken oder Holz von Laubbäumen gezogen. Das saftige, feste Fleisch erinnert an Kalbfleisch und schmeckt vollwürzig nach Waldpilzen.

Salat von Frühkar
mit Frühlingskräuterquark-Dip

Für 2 Personen:

- **500 g Frühkartoffeln**
- **1/4 l Gemüsebrühe (z.B. instant)**
- **2 Lauchzwiebeln**
- **2 Tomaten**
- **1 kleine Gurke**
- **2 Msp. Curry**
- **2 EL Apfelessig**
- **2 EL Distelöl**
- **Salz, Pfeffer**
- **1/2 Bund Schnittlauch**
- **je einige Stiele glatte Petersilie und Kerbel**
- **3 Borretschblätter**
- **100 g Sahnequark**
- **4 EL Kefir**
- **2 EL Olivenöl**
- **Cayennepfeffer**

Zubereitungszeit: ca. 30 Minuten, Garzeit: ca. 20 Minuten

1. Kartoffeln gut waschen und bürsten, dann garen, abgießen und mit kaltem Wasser abschrecken. Kartoffeln abtropfen lassen, etwas abkühlen lassen und ungeschält in feine Scheiben schneiden. Kartoffeln in eine Schüssel geben. Brühe erhitzen, über die Kartoffeln gießen.

2. Gemüse putzen, abspülen und abtropfen lassen. Lauchzwiebel ganz fein schneiden, Tomaten in Scheiben schneiden und Gurke würfeln. Vorbereitete Zutaten mit den Kartoffeln mischen. Mit Curry, Essig, Öl, Salz und Pfeffer würzen und gut vermischen.

3. Für den Dip Kräuter abspülen, trockenschütteln und fein hacken. Quark, Kefir und Olivenöl verrühren. Mit Pfeffer, Salz und Cayennepfeffer würzen und die fein geschnittenen Kräuter untermischen.

4. Den Salat nochmals mit Salz und Pfeffer abschmecken und mit dem Dip servieren. Evtl. mit Borretschblüten garnieren.

Frühkartoffeln aus neuer Ernte haben nur eine zarte Schale, die mitgegessen werden kann. Zum Vorbereiten diese deshalb nur gründlich abbürsten. Damit es wirklich ein gesunder Genuss wird, besser Kartoffeln aus dem Bio-Anbau verwenden.

toffeln

Waldorfsalat
mit Schinkenhörnchen

Für 2 Personen:

- **400 g Knollensellerie**
- **1 säuerlicher Apfel**
- **1 EL Zitronensaft**
- **2 EL Walnüsse**
- **2 EL Mayonnaise**
- **2 EL Sahne**
- **Salz, Pfeffer**
- **150 g Blätterteig (frisch oder TK)**
- **80 g gekochter Schinken**
- **1/2 Bund Petersilie**
- **1 Schalotte**
- **etwas Butter zum Anbraten**
- **1 Eigelb**
- **1 EL Milch**
- **1/2 Beet Kresse**

Zubereitungszeit: ca. 40 Minuten, Backzeit: ca. 20 Minuten

1. Sellerie und Apfel schälen, in sehr dünne Streifen schneiden und mit Zitronensaft mischen. Hälfte Walnüsse hacken. Nüsse, Mayonnaise und Sahne unter die Gemüsestreifen mischen. Salat mit Salz und Pfeffer abschmecken, etwas durchziehen lassen.

2. Ofen auf 200 Grad (Umluft: 180 Grad/Gasherd: Stufe 3) vorheizen. Schinken in kleine Würfelchen schneiden. Petersilie abspülen, trockenschütteln und fein hacken. Schalotte schälen, würfeln. Butter erhitzen, Schalotte darin andünsten. Pfanne vom Herd ziehen, Petersilie und Schinken unter die Schalotte mischen. Für die Hörnchen Blätterteig auf einer bemehlten Fläche 3-4 mm dick zu einem Rechteck ausrollen. Daraus 4 spitz zulaufende Dreiecke ausschneiden.

3. Schinkenmischung auf den Teigdreiecken verteilen, von der breiten Seite her aufrollen. Hörnchen auf ein mit Backpapier ausgelegtes Blech legen. Eigelb und Milch verquirlen, Hörnchen damit dünn bestreichen. Im heißen Ofen ca. 20 Minuten goldgelb backen.

4. Salat nochmals abschmecken. Kresse abspülen, vom Beet schneiden und mit den übrigen Nüssen über den Salat streuen. Mit den Schinkenhörnchen anrichten.

Tipp! *Bekömmlicher wird der Sellerie, wenn die Gemüsestreifen in wenig Öl und 1–2 EL Wasser kurz angedünstet werden.*

Salat Niçoise

Für 2 Personen:

- **4 neue Kartoffeln**
- **2 Eier**
- **1 rote Paprika**
- **1 Hand voll dicke Bohnenkerne (frisch oder TK)**
- **Salz**
- **4 Artischockenherzen (Dose)**
- **1 kleine Dose Thunfisch in Öl**
- **1 Schalotte**
- **1/2 Kopfsalat**
- **1/2 Friséesalat**
- **2 Tomaten**
- **1 kleine Salatgurke**
- **4 EL Olivenöl**
- **1 Knoblauchzehe**
- **10 schwarze Oliven**
- **etwas Zitronensaft**
- **Pfeffer**
- **1 Bund Basilikumblätter**

Zubereitungszeit: ca. 40 Minuten, Garzeit: ca. 30 Minuten

1. Backofen auf 180 Grad (Umluft: 160 Grad/Gasherd: Stufe 2–3) vorheizen. Kartoffeln gut waschen, garen. Eier hart kochen, abkühlen lassen, pellen, vierteln. Paprika halbieren, putzen, mit der Hautseite nach oben auf ein Backblech legen. Ca. 10 Minuten im Ofen weich garen. Schale abziehen, Paprika in Streifen schneiden. Bohnenkerne in Salzwasser weich garen, abgießen, auskühlen lassen. Bohnenkerne aus den Hülsen lösen. Artischocken abtropfen lassen, vierteln. Thunfisch abtropfen lassen. Schalotte schälen, würfeln.

2. Salate und Tomaten waschen und putzen. Gurke schälen, halbieren, Kerne mit einem Löffel herausstreichen. Gurke und Tomaten in Scheiben schneiden. Kartoffeln ungeschält vierteln. 1 EL Olivenöl in einer Pfanne erhitzen, Kartoffeln darin anbraten.

3. Knoblauchzehe halbieren, eine Salatschüssel damit ausreiben. Salate, Schalotte, Oliven und alle Gemüse in die Schüssel geben. 3 EL Olivenöl, Zitronensaft, Salz und Pfeffer verquirlen. Basilikumblätter untermischen. Salat mit dem Dressing beträufeln. Thunfisch und Eier darauf anrichten.

*Diese klassische südfranzösische Salatkreation ist auch für ein rustikales Partybüffet ideal. Dazu schmeckt ein leichter **französischer Rotwein**, z.B. aus den Appellationen Côtes du Rhône oder Côtes de Provence besonders gut.*

„Reichlich frische Kräuter
zum Schluss in den Eintopf geben –
das gibt den richtigen Kick“ Otto Koch

Eintöpfe

Chili con carne

Für 2 Personen:

- **1 Zwiebel**
- **1 rote Chilischote**
- **1 Tomate**
- **Öl zum Anbraten**
- **400 g Rinderhack**
- **1 EL Tomatenmark**
- **1 TL Mehl**
- **1/2 l Fleischbrühe (z. B. instant)**
- **1 Zweig Rosmarin**
- **etwas Salz**
- **etwas Pfeffer**
- **1 kleine Dose rote Bohnen**
- **Tabasco**
- **1 rote Paprika**

Zubereitungszeit: ca. 25 Minuten, Garzeit: ca. 25 Minuten

1. Zwiebel schälen, würfeln. Chili abspülen, entkernen und fein hacken. Tomate abspülen, putzen und würfeln. Zwiebel in einer schweren Eisenpfanne mit etwas Öl andünsten. Hackfleisch zugeben und unter Wenden mit anbraten. Dann Tomatenmark, Tomatenwürfel und Chili zugeben und kurz anbraten. Mit Mehl bestäuben und mit Brühe auffüllen. Rosmarin zugeben, salzen und pfeffern. Aufkochen und bei mittlerer Hitze köcheln lassen.

2. Nach 10 Minuten die roten Bohnen und etwas Saft aus der Dose zugeben und 15 Minuten kochen lassen. Mit Salz, Pfeffer und Tabasco abschmecken.

3. In der Zwischenzeit Paprika abspülen, putzen und in dicke Ringe schneiden. Etwas Öl in einer Pfanne erhitzen, Paprika darin kurz anbraten.

4. Chili con carne und Paprikascheiben anrichten.

Extrem lecker! Knuspriges Baguette ist ein idealer Begleiter zu diesem Eintopf. Dafür einige Scheiben mit etwas Olivenöl bestreichen und in der Pfanne oder im Backofen rösten.

Szegediner Gulasch

Für 2 Personen:
- **600 g magere Schweineschulter**
- **4 Zwiebeln**
- **80 g Schweineschmalz**
- **Pfeffer**
- **2 TL Rosenpaprika**
- **Salz**
- **300 g Sauerkraut (frisch aus dem Fass)**
- **1 TL Kümmel**
- **1 Knoblauchzehe**
- **250 g Sauerrahm**

Solch ein saftig geschmortes Gulasch lässt sich prima schon am Tag zuvor zubereiten und gut aufwärmen bzw. warm halten. Das ideale Getränk dazu: ein gut gekühltes Pils.

Zubereitungszeit: ca 20 Minuten, Garzeit: ca. 90 Minuten

1. Fleisch abspülen, trockentupfen und in gleichmäßige Würfel schneiden. Zwiebeln schälen und in Scheiben schneiden. Schmalz in einem Topf erhitzen, Fleisch darin portionsweise braun anbraten, herausnehmen. Zwiebeln im Bratfett anbraten. Fleischwürfel wieder zugeben und pfeffern. Mit Paprika bestäuben, salzen und mindestens 1 Stunde bei schwacher Hitze mit geschlossenem Deckel schmoren. Eventuell zwischendurch etwas Wasser angießen.

2. Anschließend Sauerkraut und Kümmel zum Fleisch in den Topf geben und alles weitere ca. 20 Minuten köcheln lassen.

3. Knoblauch schälen, pressen und mit dem Sauerrahm verrühren. Mischung unter das Gulasch rühren und weitere ca. 10 Minuten köcheln lassen.

4. Das Gulasch abschmecken und z. B. mit Salzkartoffeln oder Weißbrot servieren.

Weißer Bohneneintopf

Für 4 Personen:

- 2 Tassen weiße Bohnenkerne
- 1 Schalotte
- 1 Knoblauchzehe
- 2 EL Olivenöl
- 1–1,5 l Gemüsebrühe (z. B. instant)
- 4 getrocknete Shiitake-Pilze
- 1 Stange Staudensellerie
- 2 Tomaten
- 1 Bund Petersilie
- 1 EL Essig
- 1/2 Zweig Rosmarin
- Salz, Pfeffer
- 100 g Bergkäse

Zubereitungszeit (ohne Einweichzeit): ca. 20 Minuten
Garzeit: ca. 60 Minuten

1. Bohnen über Nacht in ca. 8 Tassen kaltem Wasser einweichen. Am folgenden Tag Bohnen abgießen und abtropfen lassen.

2. Schalotte und Knoblauch schälen, fein würfeln. In einem Topf im heißem Olivenöl andünsten. Bohnen zugeben, mit Brühe auffüllen. Shiitake-Pilze zugeben und alles bei geschlossenem Deckel aufkochen lassen.

3. Nach ca. 10 Minuten die Shiitake-Pilze herausnehmen, klein schneiden und wieder zugeben. Eintopf ca. 50 Minuten köcheln lassen.

4. Staudensellerie und Tomaten putzen, klein schneiden. Gemüse in den Eintopf geben und alles weitere 10 Minuten durchkochen. Petersilie abspülen, trockenschütteln, hacken und unter den Eintopf mischen. Eintopf mit Essig, Rosmarin, Salz und Pfeffer abschmecken. Käse würfeln und untermischen.

Tipp! Wer sich das Einweichen der Bohnenkerne sparen möchte, verwendet für diesen Eintopf weiße Bohnenkerne aus der Dose. Noch herzhafter wird es, wenn ca. 150 g Kabanossi in Scheiben kurz im Eintopf mit erhitzt werden.

„Aufläufe sind gut vorzubereiten und das Fundament von Familienessen" Otto Koch

Aufläufe

Kartoffelgratin
mit Lachs

Für 2 Personen:

- **500 g Kartoffeln**
- **ca. 300 ml Sahne**
- **Salz**
- **Pfeffer**
- **1 TL Meerrettich (frisch gerieben oder aus dem Glas)**
- **ca. 1–2 EL Butter**
- **150 g Räucherlachs (in Scheiben)**
- **evtl. etwas Petersilie**

Zubereitungszeit: ca. 30 Minuten, Garzeit: ca. 20 Minuten

1. Kartoffeln abspülen, kochen, etwas abkühlen lassen und pellen. Dann in dünne Scheiben schneiden. Backofen auf 220 Grad (Umluft: 200 Grad/Gasherd: Stufe 4) vorheizen.

2. Sahne mit Salz, Pfeffer und Meerrettich verquirlen. Hälfte der Kartoffeln dachziegelartig in eine gebutterte Auflaufform schichten. Mit der Hälfte der gewürzten Sahne begießen. Darauf gleichmäßig den Lachs legen. Dann die restlichen Kartoffeln daraufschichten und mit der restlichen Sahne übergießen. Einige Butterflöckchen daraufsetzen. Im heißen Ofen ca. 20 Minuten backen.

3. Evtl. Petersilie abspülen, trockenschütteln und fein hacken. Gratin mit Petersilie bestreut servieren. Dazu passt gut Feldsalat.

Eine etwas kalorienärmere, aber ebenso leckere ***Variante:*** *Tauschen Sie dafür die Hälfte der Sahne durch Milch oder Brühe (z.B. instant) aus. Statt Räucherlachs können Sie auch fettärmeres, geräuchertes oder auch frisches Forellenfilet verwenden.*

Wirsingauflauf

Für 2 Personen:
- **400 g Wirsing**
- **100 g Champignons**
- **2 Schalotten**
- **1 EL Butter**
- **Salz, Pfeffer**
- **100 ml Gemüsebrühe (z. B. instant)**
- **100 ml Sahne**
- **2 Eier**
- **150 g Gouda**
- **Muskat**

Zubereitungszeit: ca. 15 Minuten, Garzeit: ca. 50 Minuten

1. Wirsing und Pilze putzen, abspülen und abtropfen lassen. Wirsing in feine Streifen, Champignons blättrig schneiden. Schalotten schälen, fein würfeln. Butter in einem Topf erhitzen, Schalotten darin andünsten. Pilze und Wirsing zugeben, mit Salz und Pfeffer würzen. Mit Gemüsebrühe ablöschen und ca. 10 Minuten dünsten.

2. Backofen auf 180 Grad (Umluft: 160 Grad/Gasherd: Stufe 2) vorheizen. Sahne und Eier verquirlen. Käse fein reiben und untermischen. Mit wenig Salz, Pfeffer und Muskat würzen.

3. Gemüse in eine gefettete Auflaufform geben und mit der Sahnemischung übergießen. Im heißen Backofen ca. 30–40 Minuten überbacken. Auflauf z. B. mit knusprigem Baguette servieren.

Tipp! Damit es eine schön knusprige Käsekruste wird, einen mittelalten Schnitt- oder Hartkäse mit mindestens 45 % Fett i. Tr. verwenden. Dieser schmilzt gut und bildet eine feine Kruste. Nicht zu stark bräunen, sonst schmeckt Käse bitter.

Hackfleisch-Kartoff
mit Möhrensauce

Für 4 Personen:
- **800 g Kartoffeln**
- **4 Schalotten**
- **etwas Öl**
- **400 g Rinderhack**
- **Salz, Pfeffer**
- **Butter für die Form**
- **250 g Tomaten**
- **80 g Crème fraîche**
- **300 g Möhren**
- **ca. 400 ml Gemüsebrühe (z. B. instant)**

Zubereitungszeit: ca. 25 Minuten, Garzeit: ca. 50 Minuten

1. Kartoffeln abspülen, kochen, etwas abkühlen lassen, pellen und in Scheiben schneiden. Schalotten schälen, fein schneiden. Hälfte davon in etwas Öl andünsten, Hackfleisch zugeben, mit Salz und Pfeffer würzen und alles unter Wenden krümelig braten.

2. Eine große Auflaufform fetten. Backofen auf 180 Grad (Umluft: 160 Grad/Gasherd: Stufe 3) vorheizen. Hackfleisch und Kartoffelscheiben im Wechsel in die Form schichten. Mit Kartoffeln abschließen. Tomaten abspülen, putzen, evtl. häuten, würfeln oder in Spalten schneiden. Tomaten und Crème fraîche mischen. Mit Salz und Pfeffer würzen und auf den Auflaufzutaten verteilen. Im heißen Ofen ca. 30 Minuten überbacken.

3. In der Zwischenzeit Möhren schälen und in Scheiben schneiden. Mit den restlichen Schalotten und etwas Öl in einem Topf andünsten. Brühe angießen und bei schwacher Hitze weich kochen. Möhren im Fond fein pürieren, evtl. durch ein Sieb streichen und noch etwas einkochen. Die Sauce mit Salz und Pfeffer abschmecken und zum Auflauf servieren.

Tipp! *Dieser Auflauf ist auch für ein Partybüffet prima geeignet. Dafür z. B. die Zutaten schichtweise in die Vertiefungen von 1–2 Muffinblechen füllen und backen. Als Party-Portionssnacks servieren. Die Zubereitungszeit verringert sich um ca. 10 Minuten.*

el-Auflauf

Gemüseauflauf
mit gratiniertem Seelachs

Für 2 Personen:
- **150 g Blumenkohl**
- **150 g Möhren**
- **100 g Lauch (Porree)**
- **100 g Pastinaken**
- **1 kleine Zwiebel**
- **1 Knoblauchzehe**
- **2 Zweige Thymian**
- **3 EL Butter**
- **Salz**
- **1 EL Mehl**
- **350 ml Milch**
- **Pfeffer**
- **Muskat**
- **1/2 Bund glatte Petersilie**
- **1 Brötchen vom Vortag**
- **2 Stücke Seelachsfilet (à ca. 150 g)**

Zubereitungszeit: ca. 40 Minuten, Garzeit: ca. 30 Minuten

1. Gemüse abspülen, ggf. putzen, schälen und fein würfeln bzw. in kleine Röschen teilen. Zwiebel und Knoblauch schälen, würfeln. Thymian abstreifen. Auflaufform mit ca. 1 EL Butter einfetten. Grill oder Backofen auf 220 Grad Oberhitze (Gasherd: Stufe 4–5) vorheizen.

2. Gemüse in kochendem Salzwasser kurz blanchieren, kalt abschrecken und abtropfen lassen. 1 EL Butter in einer Pfanne erhitzen, Zwiebel und Knoblauch darin andünsten. Mehl darüber stäuben, Milch unter Rühren zugießen. Thymian untermischen und rühren, bis das Mehl abgebunden hat. Danach bei schwacher Hitze ca. 3 Minuten ziehen lassen. Sauce mit Salz, Pfeffer und Muskat würzen und etwas abkühlen lassen.

3. Gemüse in eine Auflaufform geben, Sauce darüber verteilen, evtl. mit grobem Pfeffer bestreuen und ca. 10 Minuten im Ofen garen.

4. Petersilie waschen, trockenschütteln. Brötchen grob würfeln und mit Petersilie im Mixer fein durchmixen. Auflaufform aus dem Ofen nehmen. Fisch abspülen, trockentupfen, mit Salz und Pfeffer würzen. Aufs Gemüse legen. Kräuterbrösel darüber streuen. Übrige Butter in Flöckchen darauf verteilen. Alles nochmals 10 Minuten im heißen Ofen knusprig bräunen.

Blumenkohlauflauf
mit Bergkäse

Für 2 Personen:

- **1 kleiner Blumenkohl**
- **1 kleine Zwiebel**
- **1 Knoblauchzehe**
- **2–3 EL Butter**
- **1/2 l Milch**
- **1 TL Gemüsebrühenpulver**
- **Salz**
- **Pfeffer**
- **Muskat**
- **2 EL Mehl**
- **3 Eigelb**
- **150 g Bergkäse**

Zubereitungszeit: ca. 15 Minuten, Garzeit: ca. 25 Minuten

1. Blumenkohl abspülen, putzen und in Röschen teilen. Zwiebel und Knoblauch schälen, fein würfeln. 1 EL Butter in einem Topf erhitzen, Knoblauch und Zwiebel darin andünsten. Mit Milch unter Rühren ablöschen. Mit Gemüsebrühenpulver, Salz, Pfeffer und Muskat würzen, aufkochen. Blumenkohl darin ca. 5 Minuten garen. Backofen auf 200 Grad (Umluft: 180 Grad/Gasherd: Stufe 4) vorheizen. Blumenkohl abgießen, Flüssigkeit auffangen. Kohl in eine Auflaufform geben.

2. Mehl, Eigelbe und 3–4 EL Kochflüssigkeit verquirlen. Mehl-Eigelb-Mischung unter den restlichen Kochfond rühren, über den Blumenkohl gießen. Im heißen Ofen ca. 20 Minuten garen.

3. Käse fein würfeln oder reiben. Kurz vor Ende der Garzeit das Gemüse mit Käse und restlicher Butter in Flocken belegen und weitere ca. 5 Minuten schmelzen lassen. Evtl. mit grobem Pfeffer bestreuen und anrichten. Dazu passen Pellkartoffeln.

***Tipp!** Eine komplette Mahlzeit wird daraus, wenn Sie gleich 400 g gegarte Pellkartoffeln sowie 200 g rohe oder gekochte Schinkenwürfel mit Kohl und Sauce in die Form schichten und gemeinsam überbacken. Dieses schnelle, unkomplizierte Gericht ist auch bei Kindern sehr beliebt.*

„Ein Gericht mit **Fisch** sollte es einmal die Woche geben. Aus Tradition und Vernunft"

Vincent Klink

Fisch

Zanderfilet in Zitronen-schaumsauce mit Lauchgemüse

Für 2 Personen:

- **1 Stange Lauch (Porree)**
- **1 TL Butterschmalz**
- **Salz, Pfeffer**
- **2 Zanderfilets (à ca. 200 g)**
- **2 EL kaltgepresstes Olivenöl**
- **etwas Butter**
- **2–3 Stiele Estragon**
- **1/8 l Fischfond (z. B. Glas)**
- **2 Eigelb**
- **1 EL trockener Wermut**
- **Saft von 1/2 Zitrone**
- **1 Msp. abgeriebene Zitronenschale**

Zubereitungszeit: ca. 20 Minuten, Garzeit: ca. 15 Minuten

1. Lauch putzen, abspülen und in feine Streifen schneiden. Butterschmalz in einer Pfanne erhitzen, Lauch darin andünsten, mit Salz und Pfeffer würzen.

2. Zanderfilets abspülen, trockentupfen und mit Salz und Pfeffer würzen. 1 EL Olivenöl und etwas Butter in einer Pfanne erhitzen, Filets darin von beiden Seiten je ca. 3 Minuten anbraten.

3. Estragon abspülen, trockenschütteln und fein hacken. Mit Fischfond, Eigelben, Wermut, Zitronensaft und Zitronenschale in einer rundbauchigen Stielkasserolle mischen. Mischung unter ständigem Rühren aufschlagen, bis sie andickt. Dann den Topf sofort vom Herd ziehen, das übrige Olivenöl mit dem Schneebesen unterrühren. Sauce mit Salz und Pfeffer abschmecken.

4. Zander und Lauchgemüse anrichten, die Sauce dazu reichen. Dazu passt z. B. Butterreis.

*Das äußerst schmackhafte Fleisch dieses **Süßwasserfisches** hat wenig Gräten und ist besonders zart. Der pfeilschnelle Schwimmer ist ein Raubfisch und lebt in Binnengewässern.*

Gedämpftes Lachsfilet mit Gemüse

Für 2 Personen:

- **2 Stücke Lachsfilet (à 150 g, ohne Haut)**
- **Salz, Pfeffer**
- **je einige Stiele Petersilie, Schnittlauch, Basilikum und/oder Zitronenmelisse**
- **ca. 750 g Gemüse nach Wahl (z. B. Brokkoli, Blumenkohl, Lauch/Porree, rote Paprika)**
- **2 EL Sonnenblumenöl**

Zubereitungszeit: ca. 20 Minuten, Garzeit: ca. 5 Minuten

1. Lachs abspülen, trockentupfen, mit Salz und Pfeffer würzen. Frische Kräuter abspülen, trockenschütteln und fein hacken. Fisch mit den Kräutern einreiben.

2. Einen Topf mit passendem Dämpfeinsatz 1–2 cm mit Wasser füllen und aufkochen. Gemüse putzen, abspülen, trockentupfen und klein schneiden. Öl in einer Pfanne erhitzen, Gemüse darin unter Wenden anbraten, würzen. Mit etwas Wasser ablöschen und ca. 5 Minuten schmoren.

3. In der Zeit Lachs auf den Dämpfeinsatz setzen und zugedeckt bei schwacher Hitze etwa 5 Minuten dämpfen.

4. Gemüse und Lachs anrichten. Dazu passt Basmatireis oder knuspriges Baguette.

*Wer dieses Gericht lieber in einer **Pfanne** zubereiten möchte, dünstet das Gemüse wie beschrieben an, legt dann das vorbereitete Filet darauf und gart alles zugedeckt bei schwacher Hitze 5–8 Minuten.*

Forellenfilet
mit schwedischer Senfsauce

Für 2 Personen:

- **2 EL scharfer Senf**
- **2 EL Puderzucker**
- **1 EL Weißweinessig**
- **1 TL schwarzer Pfeffer (gemahlen)**
- **ca. 150 ml Sonnenblumenöl**
- **etwas Weißwein**
- **Salz**
- **1 Bund Dill**
- **1/4 Stange Lauch (Porree)**
- **je 1/2 Bund Petersilie, Schnittlauch**
- **4 Forellenfilets (mit Haut)**
- **Pfeffer**
- **etwas Mehl**
- **1 Ei**
- **1–2 EL Butterschmalz**

Zubereitungszeit: ca. 20 Minuten, Garzeit: ca. 6 Minuten

1. Für die Sauce Senf, Zucker und Essig mit dem Handrührgerät schaumig rühren. Pfeffer dazugeben und langsam das Öl unter ständigem Rühren zufügen. Wenn die Sauce zu dick ist, kann sie mit etwas Weißwein verdünnt werden. Sauce abschmecken. Dill abspülen, trockenschütteln, fein hacken und unter die Sauce rühren.

2. Lauch putzen, abspülen und fein schneiden. Petersilie und Schnittlauch abspülen, trockenschütteln und hacken. Alles auf einem Teller mischen.

3. Forellenfilets abspülen, trockentupfen und mit Salz und Pfeffer würzen. Ei auf einem Teller verquirlen. Die Fleischseite in Mehl wenden, durchs verquirlte Ei ziehen und mit der Lauch-Kräuter-Mischung panieren. Butterschmalz in einer Pfanne erhitzen, Filets darin zuerst auf der Kräuterseite ca. 3 Minuten braten, dann wenden und weitere 3 Minuten braten.

4. Forellenfilets mit der Senfsauce anrichten. Dazu schmeckt z. B. herzhaftes Vollkornbrot.

***Tipp!** Statt mit Puderzucker und Essig kann die Sauce auch mit mildem flüssigem Honig und Zitronensaft zubereitet werden. Die feinwürzige Sauce passt auch sehr gut zu geräucherten oder gebeizten Fischspezialitäten (z. B. Graved Lachs).*

Seelachs mit Gurkensauce

Für 2 Personen:

Fischfond:

- **1 kleine Zwiebel**
- **1 Zweig Dill**
- **1 Gewürznelke**
- **1 Zweig Thymian**
- **1/2 Lorbeerblatt**
- **1/8 l trockener Weißwein**
- **2 Scheiben Seelachs mit Mittelgräte (à ca. 250 g) oder 2 Seelachsfilets (à ca. 200 g)**
- **etwas Zitronensaft**
- **Salz**
- **ca. 1 TL Mehlbutter (Mehl und Butter zu gleichen Teilen gemischt)**
- **25 g Sauerrahm**

Gurkensauce:

- **1/2 Salatgurke**
- **1 EL Butter**
- **1/2 TL Dijon-Senf**
- **1 TL Dillspitzen**

Zubereitungszeit: ca. 20 Minuten, Garzeit: ca. 25 Minuten

1. Zunächst den Fischfond zubereiten. Dazu Zwiebel schälen und halbieren. Mit Dill, Nelke, Thymian, Lorbeerblatt, Wein und 1/4 l Wasser in einem Topf aufkochen. Bei schwacher Hitze 10 Minuten köcheln lassen, dann durch ein Sieb passieren.

2. Seelachs abspülen, trockentupfen und mit Zitronensaft beträufeln. Mit Salz würzen und in eine Pfanne legen. Fond angießen und einen Deckel auflegen. Flüssigkeit einmal kurz aufkochen lassen, dann den Fisch bei schwacher Hitze ca. 5 Minuten ziehen lassen. Fisch aus dem Fond nehmen und warm stellen.

3. Ca. 1/4 l Fischfond abmessen, mit Mehlbutter in einem Topf verrühren und langsam aufkochen. Um die Hälfte einkochen lassen. Sauerrahm zufügen und nochmals auf ein Drittel der Flüssigkeit reduzieren. Mit etwas Zitronensaft und Salz abschmecken.

4. Für die Gurkensauce die Gurke dünn schälen und der Länge nach halbieren. Kerne entfernen, Gurke in dünne Scheiben schneiden. Butter erhitzen, Gurkenscheiben darin andünsten. Vorbereitete Fisch-Wein-Sauce zufügen und alles ca. 2 Minuten köcheln lassen. Mit Senf, Dillspitzen, Salz und Zitronensaft abschmecken.

5. Seelachs und Gurkensauce anrichten. Als Beilage schmecken z. B. grüne Bandnudeln.

Bananen-Curry
mit Scampis und Duftreis

Für 2 Personen:

- **100 g Duftreis**
- **6 rohe Scampis**
- **1 Tomate**
- **1 Schalotte**
- **2 Knoblauchzehen**
- **1 Stück Ingwer**
- **2 getrocknete Chilis**
- **1 Stiel Zitronengras**
- **1 reife Banane**
- **etwas Butter**
- **1 TL gemahlener Koriander**
- **1 TL Curry**
- **1 TL thailändische Shrimp-Paste (z. B. aus dem Asia-Laden)**
- **1/4 l Fischfond (z. B. aus dem Glas)**
- **1/4 l ungesüßte Kokosmilch (z. B. aus der Dose)**
- **4 Lauchzwiebeln**
- **150 g Zuckerschoten**
- **1 EL Öl**
- **1/2 Bund frischer Koriander**

Duftreis-Sorten (z. B. Jasminreis) sind spezielle asiatische Reissorten, die beim Garen einen süßlichen Duft entwickeln. Ihr feines Aroma unterstreicht besonders die traditionellen Gewürze der asiati schen Küche.

Zubereitungszeit: ca. 20 Minuten, Garzeit: ca. 25 Minuten

1. Reis in einem zugedeckten Topf mit Wasser aufkochen und sachte etwa 15 Minuten ausquellen lassen. In der Zeit Scampis schälen, Kopf und Darm entfernen. Tomate putzen, abspülen, würfeln. Schalotte, Knoblauch und Ingwer schälen, fein würfeln. Chilis zerdrücken. Zitronengras abspülen, grob hacken. 1 Stück Banane abschneiden, beiseite legen. Rest schälen, klein schneiden.

2. Scampischalen in einem Topf mit Butter, Schalotten und Knoblauch andünsten. Ingwer, Tomate und Banane zugeben. Chili, Zitronengras, Koriander, Curry und Shrimp-Paste unterrühren. Mit Fischfond und Kokosmilch auffüllen. Alles sachte ca. 5 Minuten köcheln lassen. Dann durch ein feines Sieb passieren.

3. Lauchzwiebeln und Zuckerschoten putzen, abspülen, klein schneiden. Mit den Scampis im heißen Öl ca. 3 Minuten anbraten. Sauce angießen, alles einige Minuten ziehen lassen. Kurz vor dem Anrichten Stück Banane schälen, in Scheiben schneiden und mit dem Koriander anrichten.

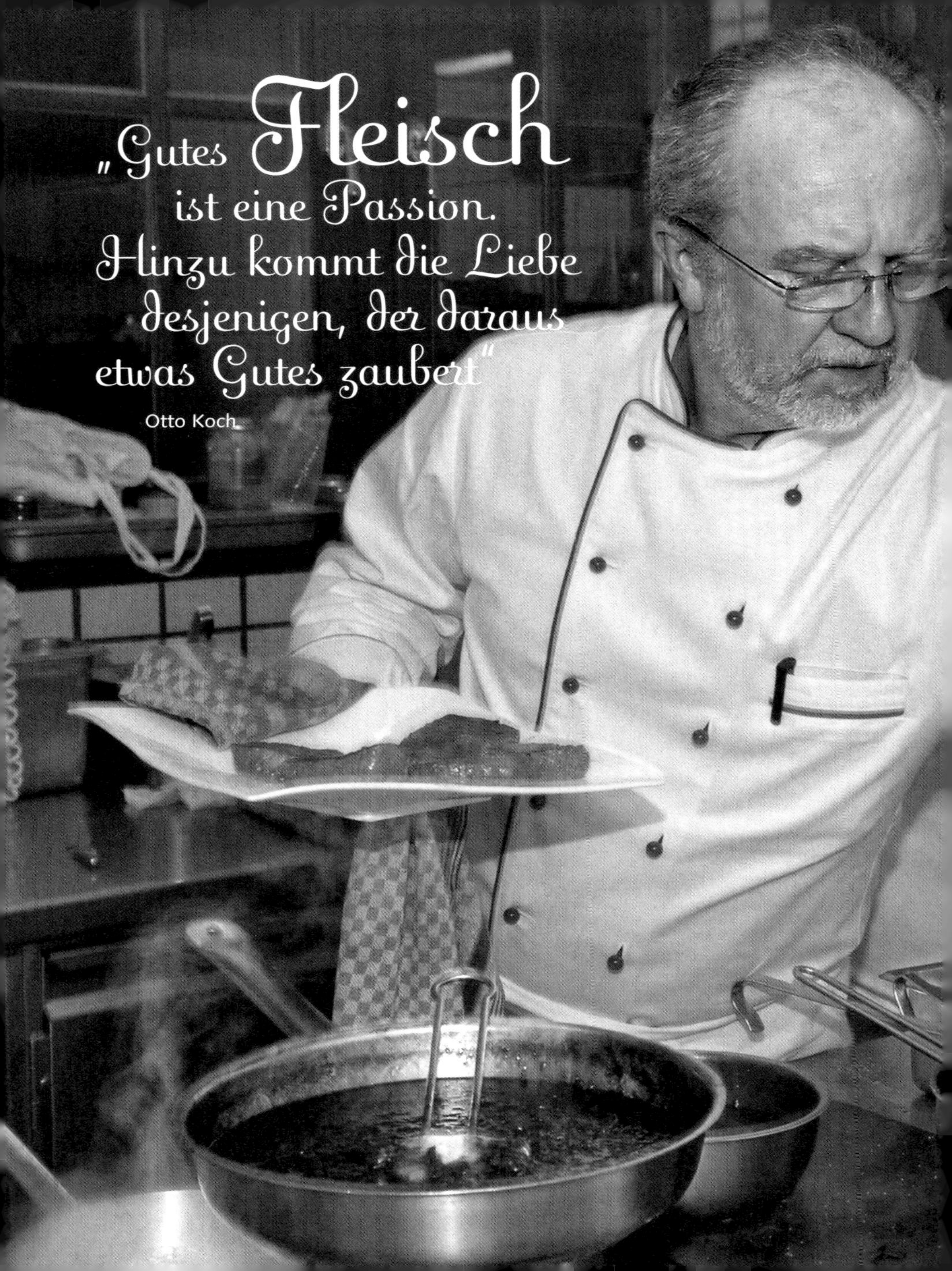
„Gutes Fleisch
ist eine Passion.
Hinzu kommt die Liebe
desjenigen, der daraus
etwas Gutes zaubert"
Otto Koch

Fleisch

Zürcher Geschnetzeltes

Für 2 Personen:
- 400 g Kartoffeln (vorwiegend fest kochend)
- 2 Schalotten
- 100 g Champignons
- 125 ml Sahne
- etwas Butterschmalz
- 250 g Kalbsgeschnetzeltes
- Salz, Pfeffer
- 50 ml trockener Weißwein
- 300 ml Kalbsfond (z. B. aus dem Glas)
- 1 TL Mehlbutter (weiche Butter und Mehl zu gleichen Teilen gemischt)
- 1/4 Bund glatte Petersilie

Der ideale Begleiter für dieses feine Fleischgericht ist ein trockener, eleganter ***Schweizer Weißwein*** *(Fendant). Damit sollte dann auch die sahnige Sauce zubereitet werden.*

Zubereitungszeit (ohne Abkühlzeit): ca. 20 Minuten
Garzeit: ca. 30 Minuten

1. Kartoffeln abbürsten, knapp gar kochen, abgießen, etwas auskühlen lassen und pellen.

2. Schalotten schälen, fein schneiden. Pilze putzen, blättrig schneiden. Evtl. etwas Sahne steif schlagen, kurz kühl stellen. Butterschmalz in einer Pfanne erhitzen, Fleischstreifen darin kräftig anbraten, würzen. Dann in ein Sieb geben, den Fleischsaft auffangen. Champignons und Schalotten im Bratfett anbraten. Mit Weißwein ablöschen, flüssige Sahne und Kalbsfond zugießen, auf die Hälfte einkochen, mit Mehlbutter binden.

3. Kartoffeln grob reiben, mit Salz und Pfeffer würzen. In eine mittelgroße beschichtete Pfanne mit etwas Butterschmalz geben, leicht andrücken und zu goldbraunen Rösti backen.

4. Fleischsaft unter die Sauce rühren und diese abschmecken. Kurz vor dem Servieren das Fleisch in der heißen Sauce erwärmen. Übrige Sahne unterheben.

5. Petersilie abspülen, trockenschütteln und fein hacken. Geschnetzeltes mit Petersilie anrichten. Rösti dazu servieren.

Entenbrust
mit Zimt-Cassis-Sauce

Für 2 Personen:
- **300 g Kartoffeln (vorw. fest kochend)**
- **Salz**
- **2 Entenbrüste (mit Haut, à ca. 200 g)**
- **Pfeffer**
- **1 Apfel (z.B. Jonagold)**
- **etwas Zitronensaft**
- **150 ml Rotwein**
- **150 ml dunkler Geflügelfond (z.B. Glas)**
- **70 g Zuckerschoten**
- **ca. 4 EL Butter**
- **1 EL Zucker**
- **40 ml Cassislikör**
- **etwas Zimt**

***Cassis,** der aromatische Likör aus schwarzen Johannisbeeren, ist mit seinen feinen Fruchtnuancen zum Veredeln von feinen Geflügelsaucen ideal. Aber auch als Aperitif, gemixt mit Weißwein oder Champagner, ein Klassiker.*

Zubereitungszeit: ca. 35 Minuten, Garzeit: ca. 20 Minuten

Backofen auf 180 Grad (Umluft nicht geeignet/Gasherd: Stufe 2–3) vorheizen.

1. Kartoffeln schälen und in Salzwasser garen. Fleisch abspülen, Haut rautenförmig einschneiden, würzen. In einer heißen Pfanne auf der Hautseite anbraten. Mit der Hautseite nach oben im Ofen bei 180 Grad ca. 15 Minuten weitergaren.

2. Apfel gründlich abspülen, entkernen, in Spalten schneiden und in Zitronenwasser legen. Für die Sauce Rotwein und Fond in einem Topf um die Hälfte einkochen. Zuckerschoten putzen, in Salzwasser blanchieren, abtropfen lassen. 1 EL Butter in einer Pfanne erhitzen, Zuckerschoten darin schwenken, würzen. Kartoffeln abgießen, ebenfalls in etwas Butter schwenken.

3. Apfelspalten trockentupfen. 1 EL Butter in einer Pfanne erhitzen. Äpfel darin andünsten. Mit Zucker bestreuen und karamellisieren lassen.

4. 1 EL kalte Butter unter die Sauce schlagen. Diese mit Cassis und Zimt abschmecken. Filets aufschneiden, mit Äpfeln und Sauce anrichten. Zuckerschoten und Kartoffeln dazu reichen.

Rindsroulade mit Rot

Für 2 Personen:

- **2 Zwiebeln**
- **1 Senfgurke**
- **1/4 Bund Petersilie**
- **50 g durchwachsene Speckwürfel**
- **2 Rinderrouladen (aus der Hochrippe)**
- **Salz, Pfeffer**
- **1 EL scharfer Senf**
- **3 Schalotten**
- **1 Bund Suppengrün**
- **etwas Butterschmalz**
- **325 ml Rotwein**
- **200 ml Brühe (z.B. instant)**
- **1/2 Kopf Rotkohl**
- **3 EL Balsamico-Essig**
- **1/8 l Apfelsaft**
- **1 Lorbeerblatt**
- **1/2 TL grüner Pfeffer (z.B. Glas)**
- **3 Wacholderbeeren**
- **1 Gewürznelke**
- **1 Msp. Piment**
- **je 1 EL Preiselbeer- und Johannisbeer-konfitüre**
- **ca. 1 TL Mehlbutter (weiche Butter und Mehl zu gleichen Teilen gemischt)**

Zubereitungszeit: ca. 40 Minuten, Garzeit: ca. 1 Stunde

1. 1 Zwiebel schälen. Zwiebel und Gurke würfeln. Petersilie fein hacken. Speck in einer Pfanne auslassen. Zwiebel, Senfgurke und Petersilie darin andünsten. Fleischscheiben zwischen Folie so dünn wie möglich plattieren. Mit Salz und Pfeffer würzen und eine Seite mit Senf bestreichen. Speck-Zwiebel-Masse darauf verteilen, aufrollen und z. B. mit einem Holzspieß fixieren.

2. Schalotten und Suppengrün schälen bzw. putzen und klein schneiden. Etwas Butterschmalz in einer Pfanne erhitzen, Rouladen darin kräftig anbraten. Schalotten und Suppengemüse zugeben. Mit ca. 50 ml Rotwein ablöschen, diesen einkochen lassen. 150 ml Wein und etwas Brühe zugießen, so dass die Rouladen zu ca. 1 cm in Flüssigkeit schmoren. Zugedeckt bei schwacher Hitze ca. 1 Std. schmoren, gelegentlich etwas Brühe angießen.

3. Rotkohl putzen, fein hobeln oder schneiden. Mit 1 EL Essig mischen (je feiner der Kohl geschnitten wird, umso kürzer wird die Garzeit). 1 Zwiebel schälen, in dünne Scheiben schneiden. Etwas Butterschmalz (oder Gänseschmalz) in einem Topf erhitzen, Zwiebel darin andünsten. Kohl, Rest Essig und Rotwein, Apfelsaft, Gewürze und Salz zugeben. Ca. 20 Minuten zugedeckt schmoren, dabei öfter durchrühren. Preiselbeer- und Johannisbeerkonfitüre zugeben und weitere 15 Minuten schmoren. Zuletzt Rotkraut im offenen Topf einkochen und abschmecken.

4. Rouladen herausnehmen, Sauce durch ein Sieb passieren. Mit Mehlbutter binden, abschmecken. Rouladen und Rotkraut anrichten. Dazu Knödel, Kartoffeln oder Kartoffelpüree servieren.

kraut

Lammrücken
in Senfsaat mit Rucolasalat

Für 2 Personen:
- 300 g ausgelöster Lammrücken
- Salz
- Pfeffer
- 1 Ei
- 3 EL Senfkörner (grob gemahlen)
- 3 EL Semmelbrösel
- 1 EL Mehl
- 1 rote Zwiebel
- 2 EL Kräuteressig
- 6 EL Olivenöl
- 1/2 Bund Petersilie
- 1/2 Bund Basilikum
- 100 g frischer Blattsalat der Saison, z.B. Rucola (Rauke)
- 1/2 Knoblauchzehe
- 25 g Butter

Zubereitungszeit: ca. 25 Minuten, Garzeit: ca. 8 Minuten

1. Fleisch abspülen, trockentupfen, mit Salz und Pfeffer würzen. Ei auf einem Teller verquirlen. Senfkörner und Semmelbrösel auf einem Teller mischen. Lammrücken in Mehl wenden, dann durch das Ei ziehen und mit der Semmelbröselmischung panieren.

2. Zwiebel schälen, fein würfeln. Mit Kräuteressig, 3 EL Öl, Salz und Pfeffer verquirlen. Kräuter abspülen, trockenschütteln und hacken. Kräuter unter die Vinaigrette rühren. Salat putzen, abspülen und abtropfen lassen.

3. Knoblauch schälen, hacken. Rest Öl in einer Pfanne erhitzen. Fleisch darin rasch kross braten. Öl abgießen. Butter und Knoblauch in der Pfanne erhitzen, Filets darin nochmals kurz sanft nachbraten. Salat und Lamm auf Tellern anrichten, Vinaigrette darüber geben.

Kräuteressig können Sie selbst herstellen. Einfach hochwertigen Weißweinessig mit einigen Zweigen Kräutern (z. B. Salbei, Rosmarin, Thymian) oder 1-2 TL getrockneten Kräutern in einer verschließbaren Flasche mind. 1 Woche durchziehen lassen.

Hähnchenbrust
mit Kirschen und grünem Pfeffer

Für 2 Personen:
- **2 Hähnchenbrustfilets (à ca. 150 g)**
- **Salz, Pfeffer**
- **2 EL Butter**
- **4 Kartoffeln**
- **200 g junge Möhren**
- **200 ml Rotwein**
- **60 g Zucker**
- **200 ml Geflügelfond (z. B. Glas)**
- **1 EL grüner Pfeffer (z. B. Glas)**
- **200 g Süßkirschen**

Tipp! Außerhalb der Saison können Sie auch tiefgekühlte Früchte oder Sauerkirschen aus dem Glas verwenden.

Zubereitungszeit: ca. 20 Minuten, Garzeit: ca. 30 Minuten

Backofen auf 80 Grad (Umluft nicht geeignet/Gasherd: Stufe 1) vorheizen.

1. Hähnchenbrust abspülen, trockentupfen, würzen. 1 EL Butter erhitzen, Fleisch darin von beiden Seiten anbraten. Dann zugedeckt im heißen Ofen 25 bis 30 Minuten garen. Bei gleicher Temperatur bis zum Anrichten warm halten.

2. Kartoffeln schälen und in Salzwasser garen. Möhren schälen und kurz in kochendem Salzwasser blanchieren.

3. Für die Sauce Rotwein und Zucker aufkochen. Fond zugießen und alles um die Hälfte einkochen lassen. Grünen Pfeffer zugeben und die Sauce abschmecken. Kirschen vorsichtig abspülen, mit Stiel und Stein in die heiße Sauce geben und kurz aufkochen lassen.

4. Möhren abgießen, 1 EL Butter darin schmelzen lassen, mit Salz und Pfeffer abschmecken. Filets aufschneiden, mit Möhren, Kartoffeln und Kirschsauce anrichten.

Krautwickel mit Käse

Für 2 Personen:
- **1 Brötchen v. Vortag**
- **150 ml Milch**
- **1 große Zwiebel**
- **1 Knoblauchzehe**
- **1/2 Bund Petersilie**
- **etwas Butterschmalz**
- **50 g geräucherter Bauchspeck (in feinen Würfeln)**
- **200 g Rinderhack**
- **1 Ei**
- **Salz, Pfeffer**
- **mildes Paprikapulver**
- **4 mittelgroße hellgrüne Wirsingblätter (ersatzweise Spitzkohl)**
- **100 ml braune Bratensauce (z. B. Glas)**
- **1/8 l trockener Rotwein**
- **4 Scheiben Käse (Emmentaler oder Edamer, je nach Geschmack)**
- **400 g Kartoffeln (mehlig kochend)**
- **30 g Butter**
- **Muskat**

Zubereitungszeit: ca. 45 Minuten, Garzeit: ca. 35 Minuten

1. Brötchen in dünne Scheiben schneiden. 50 ml Milch erhitzen, Brötchen damit übergießen. Zwiebel und Knoblauch schälen, würfeln. Petersilie abspülen, trockenschütteln und hacken. Butterschmalz in einer Pfanne erhitzen. Zwiebel, Knoblauch und Speckwürfel darin andünsten. Petersilie untermischen. Mischung mit Brötchen, Hack und Ei glatt verkneten. Mit Salz, Pfeffer und Paprika kräftig würzen.

2. Backofen auf 200 Grad (Umluft: 180 Grad/Gasherd: Stufe 3) vorheizen. Wirsingblätter in kochendem Salzwasser kurz blanchieren, herausnehmen, abtropfen lassen. Hackfleischmasse auf den Blättern verstreichen, aufrollen und evtl. feststecken.

3. Krautwickel eng in eine feuerfeste Form schichten und mit Bratensauce und Rotwein übergießen.
Mit Pfeffer und Salz würzen, Käse darauf verteilen. Im heißen Ofen ca. 30 Minuten garen.

4. In der Zwischenzeit Kartoffeln schälen, in Salzwasser garen. Kartoffeln abgießen, durch eine Kartoffelpresse drücken. Die restliche Milch erhitzen und mit der Butter unter die Kartoffeln mischen. Püree mit Salz, Pfeffer und evtl. Muskat abschmecken. Krautwickel und Kartoffelpüree anrichten.

***Tipp!** Servieren Sie den übrigen Kohl einfach als geschmortes Gemüse dazu. Dafür Kohl in Streifen schneiden, mit 1 gewürfelten Zwiebel, 150 g Sahne, Salz, Pfeffer und Muskat weich schmoren.*

überbacken

Filetspitzen Stroganoff

Für 2 Personen:
- **75 g Langkornreis**
- **Salz**
- **350 g Rinderfilet (aus der Spitze)**
- **1 Essiggurke**
- **2 Schalotten**
- **6 kleine Möhren**
- **1/4 Bund Petersilie**
- **Pflanzenöl zum Anbraten**
- **1/8 l trockener Rotwein**
- **1/8 l dunkler Bratenfond (z.B. aus dem Glas)**
- **Pfeffer**
- **2 EL Butter**
- **Zucker**
- **1 EL Crème fraîche**

Zubereitungszeit: ca. 30 Minuten, Garzeit: ca. 5 Minuten

1. Reis nach Packungsanleitung in Salzwasser garen. Filet trockentupfen. Fleisch und Gurke in Streifen schneiden. Schalotten schälen, fein schneiden. Möhren schälen, in Scheiben schneiden. Möhren in wenig leicht gesalzenem Wasser ca. 5 Minuten dünsten. Petersilie abspülen, trockenschütteln und fein hacken.

2. Öl erhitzen, Filet und Schalotten darin bei starker Hitze kurz anbraten, Gurke zugeben. Zutaten in ein Sieb geben, Flüssigkeit auffangen. Bratensatz in der Pfanne mit Rotwein ablöschen. Bratenfond und Fleischsaft zugeben und aufkochen, mit Salz und Pfeffer würzen.

3. Möhren abgießen, 1 EL Butter darin schmelzen, mit etwas Zucker und Salz abschmecken. Petersilie untermischen. 1 EL Butter unter den Reis mischen und evtl. in gebutterte Timbalformen pressen. Reistimbalen auf die Tellermitte stürzen.

4. Fleisch und Sauce mischen, abschmecken. Mit Möhren und Reis anrichten. Crème fraîche dazu reichen.

Tipp! Zartes Rinderfilet macht dieses Gericht so besonders. Damit es wirklich gelingt, eine große Pfanne wählen und das Fleisch portionsweise scharf anbraten. Ansonsten würde zu viel Fleischsaft austreten, und das Fleisch würde kochen statt braten.

Zwiebelrostbraten
mit Kartoffelpüree

Für 2 Personen:

- **500 g Kartoffeln (mehlig kochend)**
- **Salz**
- **1 Zwiebel**
- **Pfeffer**
- **Paprikapulver**
- **etwas Mehl**
- **etwas Öl**
- **2 Sch. Rostbraten (à 200 g, Rindersteaks aus der Lende)**
- **150 ml Kalbsfond (z.B. aus dem Glas)**
- **150 ml Rotwein**
- **100 ml Milch**
- **1 EL Butter**
- **Muskat**

Zubereitungszeit: ca. 35 Minuten, Garzeit: ca. 30 Minuten

1. Kartoffeln schälen, vierteln und in Salzwasser garen.

2. Zwiebel schälen, in dünne Scheiben schneiden. Zwiebelscheiben mit Salz, Pfeffer und Paprika würzen und mit Mehl bestäuben. Öl in einer Pfanne erhitzen, Zwiebelringe darin braun ausbacken. Herausnehmen.

3. Fleisch evtl. abspülen, trockentupfen. Fleischscheiben im heißen Bratfett von beiden Seiten kräftig anbraten. Mit Salz und Pfeffer würzen, einige Minuten bei geringer Hitze ziehen lassen. Fleisch aus der Pfanne nehmen und warm stellen. Bratensatz mit Fond und Rotwein ablöschen und um die Hälfte einkochen lassen.

4. Kartoffeln abgießen und noch heiß durch eine Presse drücken. Milch erhitzen, mit einem Schneebesen unter die Kartoffeln rühren, dabei 1 EL Butter, Salz und evtl. Muskat untermischen. Fleisch mit Zwiebeln, Sauce und Kartoffelpüree anrichten.

*Servieren Sie zu diesem Sonntagsgericht einen vollmundigen **Rotwein**, z.B. Blauer Zweigelt aus Österreich, Rioja aus Spanien oder Spätburgunder aus Deutschland.*

So kauf

Eine qualitativ hochwe
Unsere beiden Spitzer

Vincent Klink und Otto Koch schnuppern an Petersilie. Riecht diese muffig, ist sie nicht mehr frisch

Supermarkt oder Wochenmarkt?
Kann man die Ware anfassen, ist der Supermarkt eine Alternative, vor allem Bio-Ware ist dort häufig preiswerter. Auf Beleuchtung achten, sie ist oft speziell ausgerichtet, damit das Gemüse besser aussieht. Bevorzugen Sie welches von deutschen Erzeugern, da dieses strenger kontrolliert wird. Ein Händler auf dem Markt sollte genau wissen, woher er die Ware bezieht.

Obst Die Reife ist entscheidend, weil zu früh geerntete Früchte nicht ihr volles Aroma entfalten können. Obst wird in zwei Gruppen eingeteilt: Gr. 1 muss zur Ernte Mindestreife aufweisen (z. B. Äpfel, Bananen, Kiwi), reift dann nach. Gr. 2 ist zum Erntezeitpunkt vollreif (z. B. Weintrauben, Erdbeeren).

en wir ein ...

tige Ware ist für ein gutes Kochergebnis eine Grundvoraussetzung.
köche verraten Ihnen, was es dabei zu beachten gibt

Rindfleisch
Ein guter Metzger ist Gold wert. Fragen Sie ihn nach artgerechter, ökologischer sowie biologischer Aufzucht, woher das Rind stammt und ob das Fleisch mindestens 14 Tage abgelagert wurde. Die Schnittfläche sollte mit weißen Äderchen gleichmäßig marmoriert sein.

Tomaten
In der Saison (Juli bis Oktober) einheimische aus dem Freilandanbau kaufen. Sie besitzen mehr Aroma als Treibhaustomaten. Grundsätzlich können Tomaten nachreifen. Nur bei Kirschtomaten ist es wichtig, dass sie so rot und so reif wie möglich geerntet werden.

Fisch
Frischemerkmale sind klare, durchsichtige und pralle Augen, hellrote Kiemen, eine glänzende Haut mit klarer Schleimschicht sowie fest sitzende Schuppen. Bei leichtem Druck auf das Fleisch bleibt keine Mulde zurück. P.S.: Frischfisch sollte immer mit Eis bedeckt sein.

Gemüse *Dran schnuppern! Nur daran erkennt man gutes Aroma. Zudem sollten die meisten Gemüse prall und fest sein, vor allem Möhren, Zucchini oder Kohlrabi. Wer nicht sicher ist, piekst mit dem Fingernagel in die Schale. Auf traditionellen Anbau sowie Saison achten. Bei TK-Ware Bio-Qualität bevorzugen.*

Zitrusfrüchte
Orangen, Zitronen, Mandarinen und Grapefuits reifen nicht nach. Eine losere Schale bei Mandarinen bedeutet, dass diese schon lange gelagert wurden. Zitronen sollten sich schwer anfühlen und dünnschalig sein. Auf dem Schild von loser Ware müssen Sorte, Handelsklasse, Ursprung und Konservierungsstoffe stehen.

Frische Kräuter
Gelbe Blätter, verholzte Stängel? Finger weg! Ebenso mit Wasser besprühte Ware. Damit sehen Kräuter frischer aus, als sie evtl. sind. In jedem Fall Duftprobe nehmen und das Bund schütteln. Es darf nichts herausfallen.

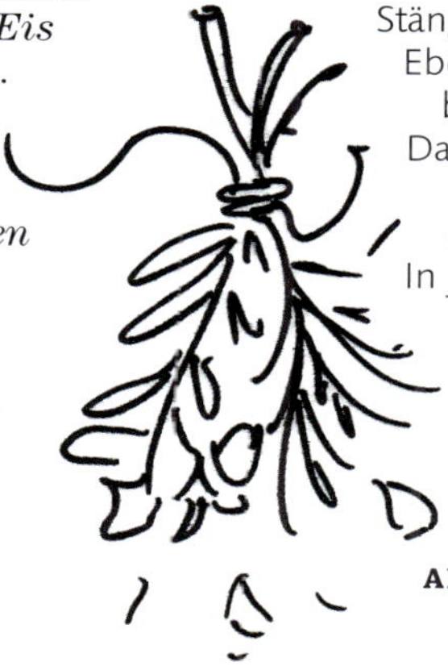

„Wer aufmerksam kocht, dem passieren von vornherein weniger Malheure", so Otto Koch und Vincent Klink

...und da

Wie so oft im Leber
ankommt, damit etwas

Kuchen zu trocken?
Mit einer Stricknadel oder einem Schaschlikspieß Löcher hineinstechen, nach Belieben entweder frischen, gezuckerten Orangen- und Zitronensaft oder Mandelsirup darüber träufeln.

Milch lässt weißes Gemüse strahlen
Ein Schuss davon ins Kochwasser und Blumenkohl oder Schwarzwurzeln bleiben weiß und strahlend.

Suppe ist versalzen?
Kein Problem! Viele kleine rohe Kartoffelstücke hineingeben, diese binden das Salz (Kartoffeln vor dem Servieren wieder herausnehmen).

s sind unsere Kochtricks

sind es auch beim Kochen häufig Kleinigkeiten, auf die es gelingt. Eine Faustregel: Ruhe bewahren. Weitere lesen Sie hier …

Das steif geschlagene Eiweiß hat sich verflüssigt
Ein paar Spritzer Zitronensaft hinzugeben, wieder aufschlagen, und schon ist die Masse gerettet.

Wie verhindert man geplatzte Eier?
Ins kalte Wasser einen Schuss Essig geben …

Suppe ist zu flüssig
Kartoffelpüreeflocken unterrühren, bis die gewünschte Konsistenz erreicht ist. Oder Mehl mit flüssiger Butter im gleichen Verhältnis verkneten und davon so viel in die Suppe rühren, bis diese sämiger wird.

Was hilft gegen Tränen beim Zwiebelschneiden?
Genial einfache Methode, die garantiert wirkt: die Zwiebeln vorher mit der Schale fünf Minuten in kaltes Wasser legen.

Geronnene Sauce hollandaise
Topf vom Herd nehmen, tropfenweise heiße Brühe oder kaltes Wasser einrühren. Oder die Sauce ins heiße Wasserbad stellen und etwas sauren Rahm einrühren, bis sie wieder glatt ist.

Pudding ohne Haut
Sofort nach dem Kochen eine dünne Schicht zerlassene Butter oder Sahne auf den Pudding streichen und mit dem Schneebesen unterschlagen. So entsteht erst gar keine unappetitliche Haut.

Wie Avocadofruchtfleisch grün bleibt Bis zum Servieren den Kern nicht entfernen. Ist die Avocado halbiert, die Hälften wieder zusammenlegen. Ist das Fruchtfleisch schon zerdrückt in der Schüssel, den Kern dazulegen. So bleibt alles schön grün!

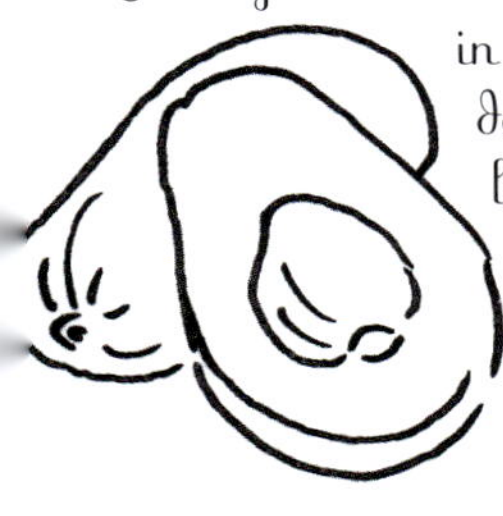

Klümpchen-Alarm
Wenn Gelatine nach dem Auflösen klumpt, diese einfach leicht erhitzen und anschließend durch ein Sieb streichen.

Wie Fisch in der Pfanne nicht anklebt
Zuallererst sollte er optimal abgetupft und trocken sein. Butterschmalz und Olivenöl in der Pfanne heiß werden lassen. Fisch hineinlegen, Pfanne sofort leicht schütteln, damit sich der Fisch hin- und herbewegt, bis sich eine dünne Kruste gebildet hat. Dann kann eigentlich nichts mehr schiefgehen …

„Ein tolles
Dessert
sollte nicht immer
der Höhepunkt
eines Menüs sein,
sondern auch
mal der eines
Nachmittags-
kaffees" Vincent Klink

Desserts

Mandelsoufflé mit Birnen-Zimt-Salat

Für 4 Personen:

- **50 g + 3–4 EL Zucker**
- **2 EL Zitronensaft**
- **2 saftige Birnen**
- **1 Prise Zimt**
- **etwas Butter**
- **4 Eiweiß (Gr. M)**
- **1–2 cl Mandelsirup**
- **1–2 cl Mandellikör**
- **evtl. 1 EL Mandelblättchen**
- **Puderzucker**

Zubereitungszeit (ohne Auskühlzeit): ca. 20 Minuten
Backzeit: ca. 10 Minuten

1. 50 g Zucker, 50 ml Wasser und 2 EL Zitronensaft aufkochen. Birnen schälen, entkernen, in Scheiben schneiden. Birnen und Zimt in diesen Sirup geben, einmal kurz aufkochen lassen. Birnen im Sirup auskühlen lassen.

2. 4 Souffléformen (à ca. 250 ml Inhalt) leicht mit Butter auspinseln und anschließend mit etwas Zucker ausstreuen. Backofen auf 200 Grad (Umluft nicht geeignet/Gasherd: Stufe 3) vorheizen.

3. Eiweiß und 2 EL Zucker aufschlagen, bis es steif und glatt ist. Mandelsirup und Likör unter ständigem Schlagen unterziehen, dabei darauf achten, dass das Eiweiß nicht zu flüssig wird.

4. Eiweißmasse in die Formen füllen, evtl. mit Mandeln bestreuen und im heißen Ofen ca. 10 Minuten backen. Dabei die Ofentür nicht öffnen!

5. Birnen-Zimt-Salat in kleinen Glasschüsseln anrichten. Soufflés herausnehmen, mit Puderzucker bestäuben und sofort mit dem Fruchtsalat anrichten.

***Soufflés,** die luftigen Gebilde aus Eischnee, Zucker und Aromazutaten, sind bei ihrer Zubereitung äußerst kapriziös. Während des Backens darf die Ofentür keinesfalls geöffnet werden, da die Eischneemasse sonst zusammenfällt. Am besten sofort – aus dem Ofen heraus – servieren.*

Tarte Tatin

Für ca. 8 Stücke:

- **1 EL Butter**
- **3–4 EL Zucker**
- **ca. 4 Äpfel**
- **200 g Blätterteig (frisch oder TK)**
- **1 Vanilleschote**
- **200 g Crème double (oder Crème fraîche)**
- **1 TL Zitronensaft**
- **1/2 TL unbehandelte Zitronenschale**

Zubereitungszeit: ca. 20 Minuten, Backzeit: ca. 20 Minuten

1. Eine Tarteform (ø ca. 26 cm) buttern und dick mit dem Zucker ausstreuen. Backofen auf 180 Grad (Umluft: 160 Grad/Gasherd: Stufe 2–3) vorheizen.

2. Äpfel evtl. schälen, Kerngehäuse ausstechen und Äpfel in ca. 3 mm dünne Scheiben schneiden. Apfelscheiben überlappend auf den gezuckerten Formboden legen. Blätterteig in Formgröße rund ausrollen und auf die Äpfel legen. Im heißen Backofen (wenn möglich nur Unterhitze) ca. 20 Minuten knusprig backen. Da der Blätterteig oben liegt, kann er schön aufgehen.

3. Vanilleschote längs aufschneiden und das Mark herauskratzen. Vanillemark, Crème double, ca. 1 TL Zucker, Zitronensaft und Zitronenschale in eine Schüssel geben und cremig aufschlagen.

4. Zum Anrichten die Tarte auf eine Kuchenplatte stürzen, so dass die karamellisierten Äpfel oben liegen, und mit der Creme servieren.

Tipp! Wer keine Tarteform besitzt, kann diesen Kuchen auch in einer Auflauf- oder Springform zubereiten. Bei der Verwendung einer Springform ist es wichtig, dass diese absolut dicht schließt, damit kein Zuckerkaramell aus der Form in den Ofen tropft.

Waffeln
mit Erdbeersauce

Für 2 Personen:

- **250 g Quark**
- **2 Vanilleschoten**
- **3 Eier (Gr. M)**
- **150 g Zucker**
- **80 g weiche Butter**
- **ca. 150 ml Milch**
- **125 g Mehl**
- **125 g Speisestärke**
- **1 TL Backpulver**
- **1/4 l Sahne**
- **250 g Erdbeeren**
- **etwas abgeriebene Orangenschale**
- **2 cl Orangenlikör**
- **Erdnussöl für Waffeleisen**

Orangenlikör kann auch durch Orangensaft ersetzt werden.

Zubereitungszeit: ca. 30 Minuten, Backzeit (pro Waffel): ca. 4 Minuten

1. Quark in ein feines Küchentuch geben, gut ausdrücken. 180 g Quark abmessen. Vanilleschoten aufschneiden und das Mark herauskratzen. Eier trennen. Eiweiß mit 50 g Zucker steif schlagen. Eigelbe, Hälfte Vanillemark und 50 g Zucker schaumig aufschlagen. Butter dazugeben und so lange schlagen, bis sie sich mit der Eigelbmasse gut verbunden hat. Quark und die Hälfte der Milch untermischen. Mehl, Stärke und Backpulver mischen, darüber sieben und gut untermischen. Eischnee unterheben. Restliche Milch nach Bedarf unterrühren, so dass ein dickflüssiger Teig entsteht.

2. Waffeleisen erhitzen, mit ein paar Tropfen Öl auspinseln. Aus dem Teig nach und nach knusprige Waffeln ausbacken.

3. Für die Sauce die Sahne steif schlagen. Erdbeeren waschen, putzen und in einen Mixbecher geben. Restliches Vanillemark, 50 g Zucker, Orangenschale und Orangenlikör zugeben und pürieren. Dann die geschlagene Sahne unterheben.

4. Die Waffeln mit der Erdbeersauce anrichten.

***Tipp!** Außerhalb der Erdbeersaison evtl. auf tiefgefrorene Früchte zurückgreifen. Alternativ schmecken auch Aprikosen, Pfirsiche, Him- oder Heidelbeeren in der Sauce köstlich.*

Zwetschgenknödel

Für 2 Personen:
- **400 g Kartoffeln**
- **30 g flüssige Butter**
- **2 Eigelbe (Gr. M)**
- **3–4 EL Mehl**
- **Salz**
- **2 EL Weizengrieß**
- **6–8 Zwetschgen**
- **6–8 Zuckerwürfel**
- **70 g Butter**
- **40 g Semmelbrösel**
- **etwas Zucker**

Zubereitungszeit (ohne Wartezeit): ca. 30 Minuten,
Garzeit: ca. 30 Minuten

1. Kartoffeln weich kochen, pellen und noch warm durch eine Presse drücken. Mit flüssiger Butter, Eigelben, Mehl, 1 Prise Salz und Grieß zu einem festen Teig vermischen. Den Teig einige Minuten ruhen lassen.

2. Zwetschgen abspülen, abtropfen lassen, längs einschneiden und Steine herauslösen. Früchte jeweils mit 1 Stück Würfelzucker füllen. Teig in 6–8 Portionen teilen, diese flach drücken. Die vorbereiteten Zwetschgen mit Teig umhüllen und zu Knödeln formen. Reichlich leicht gezuckertes Wasser aufkochen. Temperatur reduzieren und die Knödel im siedenden Wasser ca. 10 Minuten ziehen lassen.

3. In der Zwischenzeit Butter schmelzen, die Semmelbrösel zugeben und bräunen, etwas Zucker zugeben. Die Knödel aus dem Wasser heben, gut abtropfen lassen und mit den Butterbröseln anrichten. Dazu passt eine Vanillesauce.

Übrigens: Wenn die Zwetschgenknödel als Dessert serviert werden, schmeckt dazu ein gut gekühlter Pflaumenwein oder ein edler Dessertwein.

***Knödel** dürfen nicht sprudelnd kochen, weil sie sonst zerfallen. Daher ist es ganz wichtig, dass sie nur im siedenden Wasser gar ziehen. Dabei darauf achten, dass sie nicht am Boden kleben bleiben. Schwimmen sie an der Oberfläche, können sie mit einer Schaumkelle herausgehoben werden.*

***Fruchtknödel** lassen sich im rohen Zustand auch gut einfrieren und können bei Bedarf gekocht werden.*

Krokantschnitten

Für ca. 10 Stück:

- **1 Tafel (100 g) Bitterschokolade**
- **150 g gehackte Mandeln**
- **350 g Zucker**
- **1 EL Zitronensaft**
- **Öl zum Ausfetten**

Zubereitungszeit: 30 Minuten, Garzeit: 15 Minuten

Backofen auf 170 Grad (Umluft: 150 Grad/Gasherd: Stufe 2) vorheizen.

1. Ein Backblech mit Öl auspinseln. Schokolade grob reiben, in einer Schüssel über einem heißen Wasserbad (handwarm) schmelzen. Mandeln in einer Pfanne hellbraun rösten. Zucker in einem Topf oder einer Pfanne karamellisieren, Zitronensaft einrühren und die noch heißen Mandeln und den hellen Karamell mischen.

2. Karamellmischung auf dem Backblech flach auseinander streichen und im heißen Ofen ca. 10 Minuten bräunen. Dann den Ofen ausschalten. Ca. 1/4 des Krokants abnehmen. Den Rest wieder in den ausgeschalteten Ofen geben, die Ofentür dabei etwas geöffnet lassen. Krokantmasse auf einer Marmorplatte oder einer hitzebeständigen Platte dünn ausrollen. Dies muss sehr schnell geschehen, da die Masse rasch erstarrt und dann sehr fest wird.

3. Aus der Krokantmasse mit einem Messer rautenförmige Plätzchen (ca. 7–9 cm) ausschneiden. Hälfte der Plätzchen mit etwas Schokolade bestreichen und mit jeweils einem weiteren Plätzchen zusammensetzen. Oberfläche mit Schokoladenstreifen überziehen.

4. Übrige Krokantmasse portionsweise wie beschrieben verarbeiten. Krokantschnitten in einer luftdicht verschließbaren Dose kühl und trocken lagern. Sie halten sich ca. 4 Wochen.

Mit ungesalzenen Erdnüssen statt Mandeln zubereitet ebenso lecker. Evtl. zersplitterte Reste oder zerbrochene Plätzchen als knusprige Zutat für Müslis oder Desserts verwenden.

Ofenschlupfer
mit Vanillesauce

Für 4 Personen:

- **2 EL Butter**
- **3 EL Haselnüsse**
- **140 g Zucker**
- **2–3 Äpfel**
- **2 EL Rosinen**
- **4 Eier**
- **650 ml Milch**
- **1 TL Zimt**
- **1 Päckchen Vanillezucker**
- **350 g Hefezopf oder frisches Weißbrot**
- **1 Vanilleschote**
- **3 Eigelbe**

Zubereitungszeit: ca. 40 Minuten, Garzeit: ca. 45 Minuten

Backofen auf 180 Grad (Umluft: 160 Grad/Gasherd: Stufe 2–3) vorheizen.

1. Eine Auflaufform dünn mit Butter ausstreichen. Haselnüsse grob hacken, mit 20 g Zucker in einer Pfanne karamellisieren. Aus der Pfanne nehmen, auf einem hitzebeständigen Teller oder in einer Porzellanschüssel auskühlen lassen, auf einem Brett nochmals hacken.

2. Äpfel schälen, entkernen und in kleine Stücke schneiden. Etwas Butter und 20 g Zucker in einer Pfanne karamellisieren, Äpfel und Rosinen untermischen. Eier und 350 ml Milch verquirlen. Zimt, Vanillezucker und 60 g Zucker untermischen.

3. Hefezopf in dünne Scheiben schneiden. Im Wechsel mit der Apfel-Rosinen-Mischung und den Haselnüssen fächerartig in die Auflaufform schichten. Ei-Milch-Mix gleichmäßig darüber gießen. Ofenschlupfer im heißen Ofen ca. 45 Minuten backen.

4. Für die Vanillesauce Vanilleschote aufschneiden, Mark herausstreichen. Restliche Milch aufkochen, Vanillemark und restlichen Zucker zugeben. Sobald die Milch kocht, Topf vom Herd ziehen, Eigelbe mit dem Schneebesen kräftig unterrühren. Topf wieder auf die ausgeschaltete Herdplatte stellen und so lange weiterrühren, bis die Flüssigkeit beginnt, dick zu werden. Dann Topf sofort vom Herd ziehen und weiterrühren, bis er all seine Hitze abgegeben hat. Vanillesauce zum Ofenschlupfer servieren.

Vanillezucker selbst herstellen: Verwenden Sie die ausgeschabten Vanilleschoten zum Aromatisieren von Zucker. Einfach Schoten mit Zucker in einem Schraubglas verschlossen mind. 2 Wochen durchziehen lassen.

Die Rezepte der DVD

Diese Lieblingsgerichte von Vincent Klink und Otto Koch sind besonders raffiniert, aber dennoch leicht zuzubereiten

Peperonata mit Ziegenfrischkäse

Zubereitungszeit: ca. 20 Min., Garzeit: ca. 20 Min.

Für 4 Personen:

- **2 kleine Kartoffeln (fest kochend)**
- **3 rote Paprika**
- **3 EL Olivenöl**
- **etwas Salz, Pfeffer**
- **1/2 TL Kümmel**
- **1/2 TL Ingwerpulver**
- **1 Bund gemischte Kräuter (z. B. Salbei, Fenchelblüte, Rosmarin, Basilikum)**
- **300 g Ziegenfrischkäse (nicht zu weich)**
- **1 Schalotte**
- **1 Zweig glatte Petersilie**
- **1 TL mittelscharfer Senf**
- **2 EL Weißweinessig**
- **1 Spritzer Weißwein oder Rosé**
- **3 EL kalt gepresstes Olivenöl**

1. Kartoffeln kochen, pellen und auskühlen lassen.

2. Den Ofen auf 200 Grad (Umluft: 180 Grad/Gasherd: Stufe 4) vorheizen. Paprika halbieren, die Kerne und den Fruchtansatz ausbrechen. Ein Backblech mit Alufolie auslegen, Paprikahälften darauflegen, mit Olivenöl beträufeln, mit Salz, Pfeffer, Kümmel und Ingwerpulver bestreuen. Im Ofen 15–20 Minuten (die Paprika dürfen gern auch einige schwarze Flecke bekommen) garen. Aus dem Ofen nehmen, kurz abkühlen lassen und die Haut abziehen.

3. Kräuter abspülen, trockenschütteln und fein zupfen bzw. schneiden.

4. Ziegenkäse mit den Kräutern vermischen. Vier Paprikahälften mit Käse bestreichen und jeweils zwei Hälften aufeinander setzen. Beide Schichtungen mit den übrigen Paprikahälften abdecken und vorsichtig halbieren.

5. Für die Kartoffelvinaigrette die Kartoffeln in feine Würfel schneiden. Schalotte schälen, fein schneiden. Petersilie abspülen, trockenschütteln und fein hacken.

6. Senf, Essig, Wein, Öl und eine Prise Salz gut verrühren. Schalotten und Kartoffeln untermischen, mit Pfeffer abschmecken und zuletzt Petersilie untermischen.

7. Paprika auf Tellern anrichten und die Kartoffelsauce angießen.

Saibling mit Wurzelgemüse in Pergament

Zubereitungszeit: ca. 20 Min., Garzeit: ca. 15 Min.

Für 2 Personen:

- **1 Saibling**
- **50 g Sellerie**
- **30 g Möhren**
- **30 g Lauch (Porree)**
- **50 g Champignons**
- **2 Fleischtomaten**
- **6 Basilikumblätter**
- **etwas Zitronensaft**
- **Pfeffer, Salz**
- **Pergamentpapier**
- **30 ml Weißwein oder Rosé**

1. Saibling waschen, trockentupfen, filetieren. Mit einer Fischpinzette die Gräten ziehen. Backofen auf 200 Grad (Heißluft: 180 Grad) vorheizen.

2. Sellerie, Möhren, Lauch

sowie Champignons putzen und in feine Streifen schneiden. Sellerie- und Champignonstreifen mit Zitronensaft beträufeln, damit sie schön weiß bleiben. Tomaten enthäuten, entkernen und würfeln. Basilikumblätter in Streifen schneiden.

3. Gemüsestreifen, Tomaten und Basilikum locker vermischen, mit Salz und Pfeffer würzen. Zwei große Bögen Pergamentpapier in der Mitte knicken. Auf je eine Hälfte des Papiers etwas Gemüse geben, darauf je ein Fischfilet legen und mit Gemüse bestreuen. Wein angießen. Die andere Papierhälfte darüber klappen und die Ränder fest einschlagen. Den Fisch so im vorgeheizten Backofen ca. 10–15 Minuten garen. Dabei sollte sich das Pergamentpapier aufblähen.

4. Die Tüten auf Tellern anrichten und erst am Tisch aufschneiden.

Lammroulade mit Bohnengemüse

Zubereitungszeit: ca. 35 Min., Garzeit: ca. 15 Min.

Für 2 Personen:

Für die Lammroulade

- **4 Lammschnitzel (z. B. aus der Keule, à 80 g)**
- **etwas Salz, Pfeffer**
- **1 kleine Zwiebel**
- **1 Knoblauchzehe**
- **2 Zweige Thymian**
- **1 Zweig Rosmarin**
- **4 Schalotten**
- **150 ml Gemüsebrühe (z. B. instant)**
- **100 ml Rotwein**
- **2 EL kalte Butter**
- **Olivenöl zum Anbraten**

Für das Bohnengemüse

- **500 g Busch- oder Stangenbohnen**
- **1 Zwiebel**
- **1 EL Olivenöl**
- **ca. 250 ml Gemüsebrühe**
- **2 Zweige Bohnenkraut**
- **4 getrocknete Tomaten (in Öl eingelegt)**
- **etwas Salz, Pfeffer**

1. Lammschnitzel zwischen einer Gefriertüte dünn plattieren, mit Salz und Pfeffer würzen. Zwiebel und Knoblauch schälen, fein schneiden und diese in einer Pfanne mit 1 EL Olivenöl anschwitzen. Thymian und Rosmarin von den Stielen zupfen, fein hacken und unter die Zwiebelmischung geben. Lammschnitzel mit der Zwiebel-Kräuter-Mischung bestreichen, fest aufrollen.

2. In einer Kasserolle mit Olivenöl die Rouladen rundum anbraten (zuerst auf der Nahtseite). Schalotten schälen, vierteln und zum Fleisch geben. Ca. 5 Minuten mitgaren. Dann die Rouladen aus der Kasserolle nehmen, warm stellen. Schalotten mit Brühe ablöschen und etwas einkochen. Dann Rotwein zugeben und alles um die Hälfte einkochen. Anschließend die Sauce mit kalter Butter binden und abschmecken.

3. Die Bohnen waschen, putzen und in Stücke schneiden. Die Zwiebel schälen und fein schneiden. In einem Topf mit Olivenöl Zwiebel anschwitzen, Bohnen zugeben und Gemüsebrühe angießen, Bohnenkraut einlegen und ca. 15 Minuten dünsten. Dabei immer wieder umrühren. In der Zwischenzeit die getrockneten Tomaten fein hacken und unter das Bohnengemüse mischen, mit Salz und Pfeffer abschmecken.

4. Die Rouladen in die Sauce geben, alles gut durchschwenken und mit dem Bohnengemüse anrichten. Dazu passen sehr gut Polenta oder Rosmarinkartoffeln.

DVD-Rezepte

Schlosserbuam

Zubereitungszeit: ca. 10 Min., Garzeit: ca. 3 Min.

Für 4 Personen:

- **12 Dörrpflaumen**
- **ca. 1/4 l Zwetschgenwasser (ersatzweise Wasser)**
- **12 Mandeln (abgezogen)**
- **150 g Mehl**
- **2 Eier**
- **1/8 l Weißwein**
- **2 EL Öl**
- **1 Prise Salz**
- **etwas Frittierfett zum Ausbacken**
- **etwas Zucker, Zimt**

1. Dörrpflaumen entsteinen und in dem Zwetschgenwasser (oder nur in Wasser) einweichen, bis es von den Früchten fast ganz aufgesogen ist. Dann die Zwetschgen mit je einer Mandel füllen.
2. Eier trennen. Mehl, Eigelb, Wein, Öl und eine Prise Salz mit dem Handrührgerät zu einem Teig mischen. Das Eiweiß steif schlagen und unter den Teig heben.
3. Die Pflaumen durch den Backteig ziehen und im etwa 180 Grad heißen Frittierfett ausbacken. Zimt und Zucker mischen. Pflaumen auf Küchenpapier abtropfen lassen und im Zimtzucker wälzen.

Cassata

Zubereitungszeit: ca. 20 Min., Backzeit: ca. 12 Min., Kühlzeit: ca. 5 Std.

Für ca. 10 Stücke:

- **2 Eiweiß**
- **110 g Zucker**
- **1 Prise Salz**
- **2 Eigelb**
- **40 g Mehl**
- **20 g Speisestärke**
- **1/2 unbeh. Orange**
- **1 Zitrone**
- **150 g kandierte Früchte**
- **500 g Mascarpone**
- **400 g Sahnequark**
- **50 ml Mandellikör**
- **100 g geraspelte Schokolade**
- **etwas kandierte oder frische Früchte zum Verzieren**

Den Ofen auf 180 Grad (Umluft: 160 Grad) vorheizen.

1. Für den Biskuit das Eiweiß mit 50 g Zucker und einer Prise Salz steif schlagen, Eigelb unterrühren, Mehl und Speisestärke darüber sieben und locker unterheben. Die Biskuitmasse in eine Springform (ø 26 cm) oder in einen Tortenring (ø 26 cm), der auf einem mit Backpapier ausgelegten Blech liegt, füllen. Im auf 180 Grad heißen Ofen 12 Minuten backen. Den Boden gut auskühlen lassen. Die Schüssel, in die die Cassata abgefüllt wird, als Ausstechform für den Biskuitboden verwenden.
2. Orange und Zitrone heiß abwaschen und gut abtrocknen. Schale abreiben und von der Zitrone zusätzlich auch den Saft auspressen. Die kandierten Früchte fein hacken.
3. Mascarpone mit dem Sahnequark und 60 g Zucker gut verrühren. Orangenschale, Zitronenschale, einen Spritzer Zitronensaft, Mandellikör dazugeben und untermischen. Schokoraspel und die kandierten Früchte gut unterheben.
4. Die Cassataschüssel mit Frischhaltefolie auslegen und anschließend die Mascarponemasse einfüllen. Den ausgestochenen Boden daraufgeben, Schüssel mit Folie abdecken. Masse mindestens 5 Stunden gefrieren lassen.
5. Wenn die Cassata gut durchgefroren ist, kann sie auf eine Platte gestürzt werden. Die Folie entfernen, die Cassata in Scheiben schneiden und sofort servieren.